생태 돋보기로 다시 읽는 그림형제 동화

그림 아저씨들과 생태학 박사들의 특별한 대화!
정보 제공 및 내용 감수에 참여한 국립생태원 연구원

강재연(생태정보연구실)　　**강종현**(전시교육실)
고은하(감사실)　　　　　　**김백준**(생태평가연구실)
김수환(생태안전연구실)　　**도재화**(복원전략실)
박영준(경영기획실)　　　　**박진영**(생태조사연구실)
박희복(복원연구실)　　　　**우동걸**(생태평가연구실)
유승화(생태평가연구실)　　**윤주덕**(복원연구실)
윤희남(생태정보연구실)　　**장민호**(생태평가연구실)
천광일(생태평가연구실)

생태 돋보기로 다시 읽는 그림 형제(동화)

발행일 2018년 6월 4일 초판 1쇄 발행 / 2024년 5월 24일 초판 3쇄 발행

엮음 국립생태원
그림 권영묵, 김경수, 송은경, 조시내
발행인 조도순
편집책임 김웅식 | **편집** 전세욱, 양경진 | **본문구성·진행** 아이펑크
디자인 파피루스 | **사진** Shutterstock, 국립생태원(장민호)
발행처 국립생태원 출판부 | **신고번호** 제458-2015-000002호(2015년 7월 17일)
주소 충남 서천군 마서면 금강로 1210 / www.nie.re.kr
문의 041-950-5999 / press@nie.re.kr

ⓒ 국립생태원 National Institute of Ecology, 2018
ISBN 979-11-88154-82-1
　　　979-11-86197-38-7(세트)

※ 이 책에 실린 모든 글과 그림을 저작권자의 허락 없이 무단으로 사용하거나
　 복사하여 배포하는 것은 저작권을 침해하는 것입니다.

⚠ **주의** 다칠 우려가 있습니다. 본 도서를 던지거나 떨어뜨리지 않도록 주의하십시오.
　　　　 고온 다습한 장소나 직사광선이 닿는 장소에는 보관을 피해 주십시오.

생태 돋보기로 다시 읽는 그림 형제 동화

국립생태원 엮음 | 권영묵 외 그림

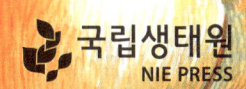

머리말

진실과 순수함이 가득한
그림 아저씨들의 이야기를 들어 보렴!

　〈헨젤과 그레텔〉, 〈신데렐라〉, 〈라푼젤〉, 〈백설 공주〉 등은 만화나 영화로 한 번쯤은 만나 본 적이 있는 이야기들일 거야. 사실 이 이야기들은 우리 형제가 쓴 《그림 동화》에 수록된 작품들이란다. '그림 동화'는 그림이 그려진 동화가 아니라, 우리 그림 형제가 엮은 동화집이라는 뜻이야. 독일에서 태어난 우리 형제의 성은 '그림'이고 형의 이름은 '야코프 그림', 동생의 이름은 '빌헬름 그림'이거든. 우리는 독일에서 아주 오래 전부터 사람들의 입에서 입으로 전해 내려오는 옛이야기를 수집하고, 묶어서 책으로 엮는 일을 했어. 우리가 남긴 최고의 대표작이 바로 《그림 동화》인데, 이 책은 맨 처음에 《아동과 가정의 동화》라는 제목으로 탄생했단다. 1812년에 처음 나온 이 민화집은 45년 동안 수차례의 개정 작업을 거치면서 240여 편의 민화집으로 완성되었어. 사실 우리가 맨 처음 냈던 민화집의 내용들이 오늘날 너희가 알고 있는 것처럼 행복한 결말로만 끝나거나 교훈적인 내용들만은 아니었어. 어떻게 보면 잔인하고, 지나치게 현실적인 내용들이 많았거든. 그래서 중간에 어린이들에게 맞지 않는 내용의 이야기는 삭제하거나, 바꾸어 다시 펴냈지. 《그림 동화》는 세상에 나온 이후 오늘날까지 160여 개의 언어로 번역되어 전 세계에 소개되었고, 유네스코 세계 기록 문화유산으로 등재될 만큼 인정받고 있단다. 너희는 어떤 이야기를 가장 좋아하니? 이 책에서는 특별히 사람뿐 아니라, 개구리, 고슴도치, 토끼, 고양이, 여우, 곰 등의 다양한 동물과 식물이 등장하는 이야기들을 골라 보았어. 어린이 친구들이 읽기 쉽게 원작보다는 짧고 쉽게 고쳐 쓴 이야기와 함께 그 속에 숨은 자연의 동식물 이야기도 함께 만나 보는 게 어떨까?

어린이들에게 특별한 이야기를 들려주고 싶은,
그림 아저씨들이

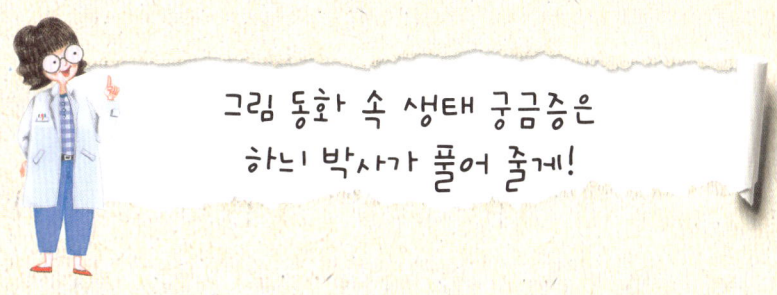

그림 동화 속 생태 궁금증은
하늬 박사가 풀어 줄게!

　이 하늬 박사가 어린 시절 명작 동화를 즐겨 읽었다는 것을 아는 친구들도 있을지 모르겠구나. 지난번《생태돋보기로 다시 읽는 안데르센 동화》에서 어린이 친구들에게 안데르센 동화 속에 등장하는 동식물 이야기를 들려주었는데, 이번에는《그림 동화》속에 등장하는 동식물의 이야기를 소개하려고 해. 너희들처럼 이 하늬 박사도 어릴 때는 그림 형제의 이야기 속 주인공인 백설 공주나 신데렐라가 되는 꿈을 꾸기도 했고, 헨젤과 그레텔이 과자 집을 만나게 되는 장면에서는 엄청 부러워하기도 했어. 하지만 못된 마녀나 왕비가 주인공을 괴롭히는 장면에서는 조마조마하고 무섭기도 했지. 안데르센 동화에서도 동물과 식물이 많이 등장했는데, 그림 형제가 엮은 이야기 속에도 많은 동식물이 등장한다는 사실이 참 흥미로웠단다. 늑대가 한꺼번에 여섯 마리 아기 염소를 삼켰다고 하는데, 정말 늑대는 그 많은 염소를 한꺼번에 삼킬 수 있을까? 백설 공주가 먹은 사과가 진짜로 독이 될 수도 있다는 사실, 브레멘 음악대가 되기로 한 동물들이 힘을 합하는 것처럼 서로 돕고 사는 동물들이 있다는 사실, 엄지 왕자처럼 실제로도 엄지만큼 아주 작은 동물들이 있다는 사실 등 그림 형제의 이야기를 읽었던 기억을 떠올려 보니, 너희들에게도 들려주고 싶은 자연의 동식물 이야기들이 마구 생각나지 뭐야. 자, 안데르센 동화 속 동식물 이야기에 이어 이번에는 그림 형제 아저씨들의 이야기 속 동식물들과 만나 볼까?

국립생태원 연구원
하늬 박사가

차례

머리말 6

다시 읽는 그림 형제 동화 01 | 늑대와 일곱 마리 아기 염소 **12**
하늬 박사의 생태 이야기 | 늑대는 한 번에 염소 6마리를 삼킬 수 있을까? 16
하늬 박사의 생태 이야기 | 자식 사랑이 남다른 동물이 있다고? 18

다시 읽는 그림 형제 동화 02 | 수리부엉이 퇴치 작전 **20**
하늬 박사의 생태 이야기 | 수리부엉이만의 특별한 능력은? 24
하늬 박사의 생태 이야기 | 물가에 사는 새 중 외모가 독특한 새는? 26

다시 읽는 그림 형제 동화 03 | 엄지 왕자의 여행 **28**
하늬 박사의 생태 이야기 | 엄지만큼 작은 동물은 누가 있을까? 34
하늬 박사의 생태 이야기 | 먹이를 통째로 삼키는 동물들이 있다고? 36

다시 읽는 그림 형제 동화 04 | 백설 공주 **38**
하늬 박사의 생태 이야기 | 사과가 진짜로 독이 될 수 있다고? 48
하늬 박사의 생태 이야기 | 먹으면 독이 되는 씨앗은? 50

다시 읽는 그림 형제 동화 05 | 고양이와 쥐 **52**
하늬 박사의 생태 이야기 | 고양이만 한 쥐가 있다고? 56
하늬 박사의 생태 이야기 | 서로 원수처럼 지내는 동물이 있다고? 58

| 다시 읽는 그림 형제 동화 06 | **새와 쥐와 소시지 60**
하느 박사의 생태 이야기 | 새들은 왜 나뭇가지를 모을까? **64**
하느 박사의 생태 이야기 | 잠수를 잘하는 새가 있다고? **66**

| 다시 읽는 그림 형제 동화 07 | **브레멘 음악대 68**
하느 박사의 생태 이야기 | 서로 돕고 사는 동물은 누가 있을까? **74**
하느 박사의 생태 이야기 | 동물마다 편안한 보금자리가 따로 있다고? **76**

| 다시 읽는 그림 형제 동화 08 | **거미와 파리 78**
하느 박사의 생태 이야기 | 거미와 파리가 함께 살 수 있을까? **82**
하느 박사의 생태 이야기 | 거미가 무서워하는 동물은 누구일까? **84**

| 다시 읽는 그림 형제 동화 09 | **지푸라기와 숯과 콩 86**
하느 박사의 생태 이야기 | 지푸라기는 어디에서 왔을까? **90**
하느 박사의 생태 이야기 | 콩에 진짜 배꼽 터진 자국이 있을까? **92**

| 다시 읽는 그림 형제 동화 10 | **인간의 수명 94**
하느 박사의 생태 이야기 | 당나귀, 개, 원숭이의 진짜 수명은? **98**
하느 박사의 생태 이야기 | 사람보다 오래 사는 동물은 누구일까? **100**

다시 읽는 그림 형제 동화 11 | 개구리 왕자 102

하늬 박사의 생태 이야기 | 왕자가 개구리로 변하면 금개구리가 될까? 108
하늬 박사의 생태 이야기 | 사막에 사는 개구리가 있다고? 110

다시 읽는 그림 형제 동화 12 | 빨간 모자 112

하늬 박사의 생태 이야기 | 동물들의 자는 모습이 다 다르다고? 116
하늬 박사의 생태 이야기 | 화려함 뒤에 독을 숨긴 꽃이 있다고? 118

다시 읽는 그림 형제 동화 13 | 형제와 순무 120

하늬 박사의 생태 이야기 | 순무는 무가 아니라 배추라고? 124
하늬 박사의 생태 이야기 | 거꾸로 매달리는 걸 좋아하는 동물이 있다고? 126

다시 읽는 그림 형제 동화 14 | 고슴도치와 토끼의 달리기 128

하늬 박사의 생태 이야기 | 느린 동물들의 무기는 따로 있다고? 132
하늬 박사의 생태 이야기 | 토끼는 모두 귀와 다리가 길까? 134

다시 읽는 그림 형제 동화 15 | 동물의 말로 교황이 된 아들 136

하늬 박사의 생태 이야기 | 동물들의 특별한 말은 무엇일까? 140
하늬 박사의 생태 이야기 | 사람의 말을 따라 하는 동물이 있다고? 142

| **다시 읽는 그림 형제 동화 16** | 후투티와 해오라기 **144**
| 하늬 박사의 생태 이야기 | 인디언 추장을 닮은 새가 있다고? **148**
| 하늬 박사의 생태 이야기 | 머리에 하얀 댕기를 달고 다니는 새는 누구일까? **150**

| **다시 읽는 그림 형제 동화 17** | 여우와 고양이 **152**
| 하늬 박사의 생태 이야기 | 여우는 고양이와 친할까, 개와 친할까? **156**
| 하늬 박사의 생태 이야기 | 고양이가 높은 곳에서도 사뿐사뿐 잘 다니는 이유는? **158**

| **다시 읽는 그림 형제 동화 18** | 굴뚝새와 곰 **160**
| 하늬 박사의 생태 이야기 | 굴뚝새는 왜 굴뚝으로 몰려들까? **166**
| 하늬 박사의 생태 이야기 | 가장 강력한 침을 가진 벌은? **168**

| **다시 읽는 그림 형제 동화 19** | 헨젤과 그레텔 **170**
| 하늬 박사의 생태 이야기 | 동물들도 과자를 좋아할까? **178**
| 하늬 박사의 생태 이야기 | 숲속에서 동물들의 이동 경로를 알 수 있을까? **180**

| **다시 읽는 그림 형제 동화 20** | 농부와 악마 **182**
| 하늬 박사의 생태 이야기 | 무와 밀은 어떻게 다를까? **186**
| 하늬 박사의 생태 이야기 | 무도 여러 가지 종류가 있다고? **188**

찾아보기 190

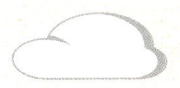

01 다시 읽는 그림 형제 동화

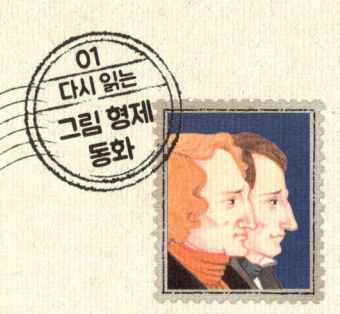

늑대와 일곱 마리 아기 염소

숲속에 엄마 염소와 일곱 마리 아기 염소가 살았어. 엄마 염소는 아기 염소들을 두고 밖에 나가기 전에 항상 말했지.

"문 꼭 잠그고 있으렴. 특히 무서운 늑대를 조심해야 해. 늑대는 목소리가 거칠고 발이 시커멓단다. 절대 문을 열어 주면 안 돼. 알았지?"

어느 날, 엄마 염소가 집을 비운 뒤, 누군가 똑똑 문을 두드렸어.

"얘들아, 엄마 왔다. 문 열어라."

아기 염소들은 문 밖에서 들려오는 거친 목소리에 대답했어.

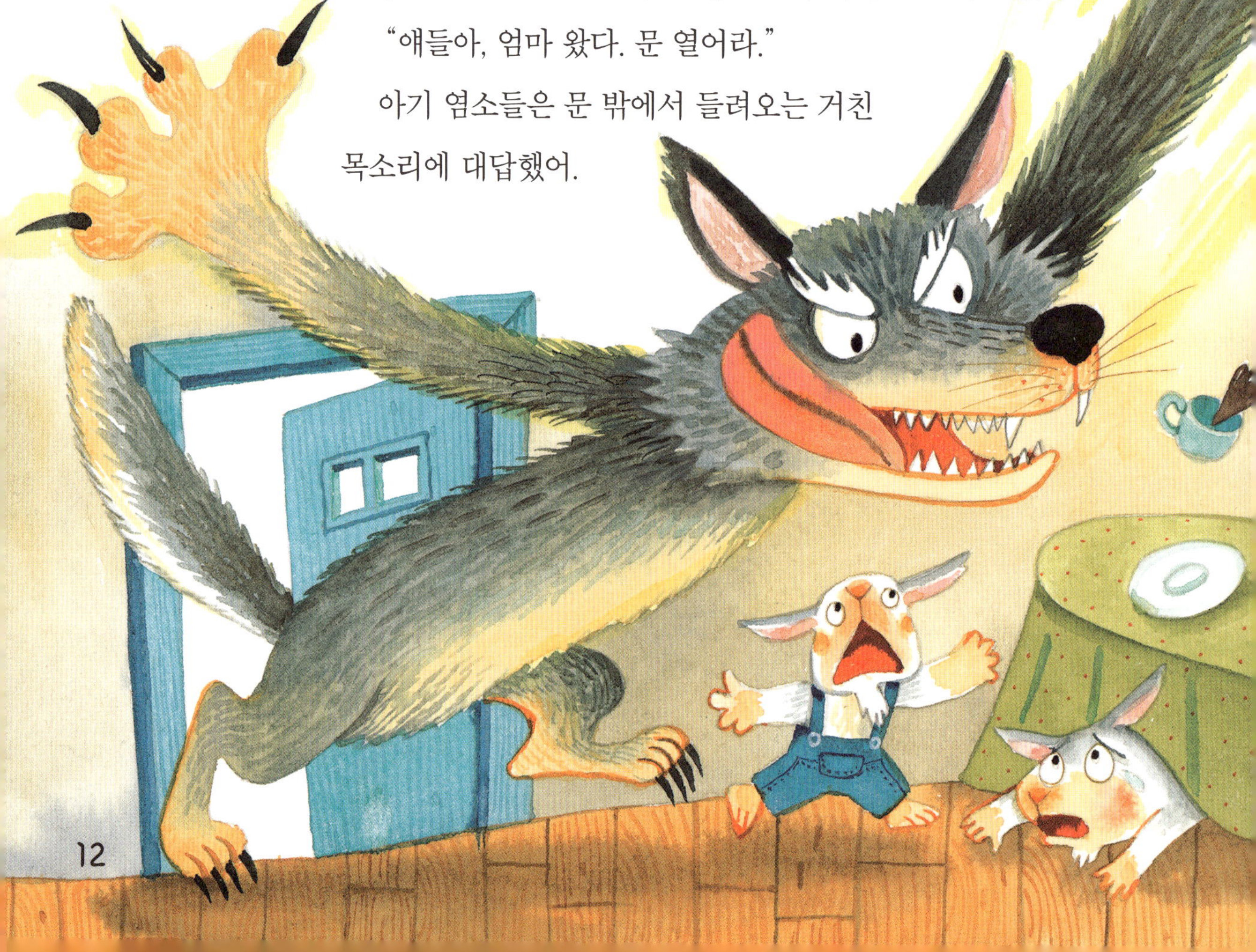

"우리 엄마 목소리는 곱고 부드러워요."
늑대는 목소리가 부드러워지는 약을 먹고 다시 왔지.
"얘들아, 엄마 왔다. 문 열어라."
아기 염소들은 문틈으로 보이는 시커먼 발에 늑대라는 걸 금방 알았어.
"우리 엄마 발은 눈처럼 하얗고 고와요."
늑대는 발에 하얀 밀가루를 잔뜩 바르고 와 다시 문을 두드렸지.
"얘들아, 엄마 왔다. 문 열어라."
아기 염소들은 엄마가 온 줄 알고, 문을 열어 주고 말았어.
늑대는 순식간에 날카로운 발톱을 들이대며 집 안으로 들어왔지.
"흐흐. 아기 염소들아, 이리 와라!"

아기 염소들은 깜짝 놀라 뿔뿔이 달아났어. 첫째는 식탁 밑, 둘째는 침대 밑, 셋째는 서랍장 뒤, 넷째는 부엌, 다섯째는 옷장 안, 여섯째는 세숫대야, 일곱째는 벽시계 안에 숨었지. 하지만 배고픈 늑대는 숨어 있는 아기 염소들을 한 마리씩 찾아내어 통째로 집어삼켰어. 일곱째만 늑대에게 들키지 않고 벽시계 안에 꽁꽁 숨어 있었지.

"얘들아, 엄마 왔다."

엄마 염소가 집으로 돌아와 보니 문은 활짝 열려 있고, 집 안은 엉망진창이 되어 있었어.

"얘들아, 어디 있니?"

그때 벽시계 안에 숨어 있던 일곱째가 뛰어나왔어.

"엄마, 늑대가 모두 잡아먹었어요. 엉엉!"

엄마 염소는 허겁지겁 늑대를 찾으러 갔어. 늑대는 나무 그늘 아래에 쿨쿨 잠들어 있었지. 불룩하게 나온 늑대의 배가 꿈틀거렸어.

'아! 우리 아기들이 아직 살아 있어. 엄마 염소는 가위로 늑대의 배를 갈랐어. 그리고 아기 염소들을 한 마리씩 꺼낸 뒤, 배에 돌을 가득 채워 넣고 실로 꿰맸지.

"아, 잘 잤다. 목마른데 물 좀 마실까?"

 늑대가 몸을 일으키는데, 몸을 움직일 때마다 배 속의 돌들이 덜그럭거렸지.

'배에서 이상한 소리가 나고, 몸이 왜 이렇게 무겁지?'

늑대는 무거운 배를 움켜잡고 냇가로 가서 물을 마시려고 몸을 숙였어. 그 순간 몸이 기우뚱하더니 그대로 물속으로 첨벙 빠져 버렸단다.

위험을 무릅쓰고 늑대를 찾아간 엄마 염소의 모습에서
어떤 위험한 상황에서도 자식을 생각하는
엄마의 마음이 느껴지지?

하니 박사의 생태 이야기

늑대는 한 번에 염소 6마리를 삼킬 수 있을까?

▲ 늑대는 무리 지어 먹이를 사냥하며, 튼튼한 이로 동물의 큰 뼈도 쉽게 씹어 먹을 수 있어.

배고픈 늑대가 6마리 아기 염소를 한 번에 삼켰다가 오히려 엄마 염소에게 당하고 말았어. 늑대가 아기 염소들을 통째로 삼킨 덕에 아기 염소들은 그대로 살아 나올 수 있었지. 이야기처럼 실제로 늑대는 염소를 그대로 삼킬 수 있을까? 그것도 6마리씩이나 말이야.

늑대는 개과 동물로 개 중에서도 특히 셰퍼드나 썰매 개랑 많이 닮았는데, 개보다 머리가 조금 더 크고 가슴이 좁으며 다리가 길어. 특히 큰 발과 아래로 항상 늘어뜨리고 있는, 긴 털로 덮인 꼬리가 특징이지. 늑대는 달릴 때만 꼬리를 세우는데, 달리지 않을 때 꼬리를 세우고 있다면 그 늑대가 우두머리 늑대야. 개가 잡식 동물인 것처럼 늑대도 아무거나 잘 먹는 잡식 동물이야. 소, 양, 염소뿐 아니라 쥐, 토끼, 새를 먹기도 하고, 포도나 머루 같은 열매나 썩은 고기 등을 먹기도 하지. 먹이가 없으면 사람이 사는 마을로 내려와 가축을 잡아먹기도 해. 특히 소, 양, 염소 같은 초식 동물을 좋아하는데, 늑대는 보통 먹이를 직접 사냥해

> 늑대는 몸 크기는 작아도 식성이 대단한 동물이군요.

서 먹어. 그리고 혼자 사냥하기보다는 여러 마리가 함께 힘을 모아 먹이를 사냥하지. 늑대는 토끼 같이 재빠른 먹잇감을 잡기 위해, 늑대 무리 중 먹잇감을 모는 역할과 먹잇감이 달아날 수 없게 길목을 지키는 역할로 나누어 힘을 합해 먹이를 잡아. 이야기 속에서 먹이를 통째로 삼키는 것과는 달리, 늑대는 먹이를 잡으면 먹이의 큰 덩어리부터 먹기 시작해서 내부 기관과 근육을 먹어. 늑대 한 마리는 한 번에 자기 몸무게보다 15~19퍼센트 무게가 더 나가는 먹이를 먹을 수 있다고 해. 만약 늑대 한 마리의 몸무게가 40킬로그램이라면 60킬로그램에서 76킬로그램의 먹이를 먹을 수 있는 거지.

이야기 속 아기 염소가 막 젖을 뗀 어린 염소들이라면 실제로 6마리를 먹어치우는 건 가능할지도 몰라. 하지만 통째로 삼킬 가능성은 거의 없단다.

늑대는 튼튼한 이로 동물의 큰 뼈도 쉽게 씹고, 소화도 잘 시켜서 한 번 먹이를 먹으면 털 하나 남기지 않고 먹어 치우죠.

늑대 발은 모두 검은색일까?

이야기 속에서 늑대는 검은 발을 숨기려고 밀가루를 발랐어. 그럼 늑대 발은 모두 검은색일까? 늑대는 종류에 따라 털 색깔이 제각각이야. 흰색, 붉은색, 갈색, 검은색 등 털 색깔이 다양한 것처럼 발도 검은색, 회색, 흰색 등 다양하단다.

 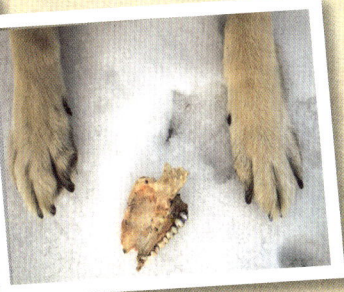

◀ 늑대 발의 색은 털 색깔에 따라 달라.

하니 박사의 생태 이야기
자식 사랑이 남다른 동물이 있다고?

▲ 새끼를 돌보는 원숭이, 하마, 악어, 코끼리의 모습이야.

어미 동물에 대한 새끼 동물의 마음도 애틋할까요?

　엄마 염소가 아기 염소들을 걱정하고, 늑대가 삼킨 아기 염소를 구하려고 용감하게 늑대의 배를 가른 것만 봐도 아기 염소들에 대한 엄마 염소의 사랑이 얼마나 대단한지 알 수 있지? 사람이 그렇듯, 세상 모든 동물들의 자식 사랑도 다르지는 않을 거야.

　동물 중에서 특히 새끼에게 젖을 먹여 키우는 포유동물과 조류가 모성애가 강한 것으로 알려져 있어. 그중에서도 유난히 자식을 사랑하는 마음이 강한 동물이 있는데, 바로 원숭이야. 동물원에서 새끼를 안거나 업고 다니는 원숭이를 본 적이 있을 거야. 어미 원숭이는 자신이 낳은 새끼 원숭이를 3년 동안 품에 안고 다녀. 그리고 손을 잡고 다니거나 얼굴을 들여다보며, 수시로 털을 골라 주기도 해. 혹시나 새끼가 잘못되어 죽기라도 한다면, 죽은 새끼를 한동안 끌어안고 다닌단다.

　물속에서 헤엄을 잘 치는 커다란 하마도 모성애가 강한 동물 중 하나야. 하마는 물속에서 새끼를 낳고 젖을 먹이며, 늘 새끼 하마를 옆에 두거나 데리고 다니며 놀아 주지. 코끼리는 새끼가 다쳐서 무리에서 떨어지거나 사나운 동물에게 잡아먹히기라도 하면, 멍하니 있거나 새끼가 잡아먹힌 곳을 떠나지 않고 서성인다고 해. 남아프리카 공화국의 한 동물 보호 구역에서는 깊은 진흙 웅덩이에 빠진 새끼 코끼리를 구하려고 어미 코끼리가 안간힘을 쓰며 웅덩이에서 새끼 코끼리를 끌어올리는 감동적인 모습이 카메라에 잡히기도 했단다.

커다란 입과 날카로운 이빨이 무시무시해 보이는 악어도 새끼를 아주 잘 돌보기로 이름난 동물이야. 악어는 알에서 새끼가 깰 때까지 석 달 동안 아무것도 먹지 않고 알을 지키다가, 새끼가 태어나면 입으로 새끼를 들어 물가로 옮겨. 그리고 머리 위에 올리고 다니거나 입 속에 넣고 다니며 돌본단다.

글쎄요. 말 못하는 동물이라고 해도 부모 자식 간의 정은 마찬가지 아닐까요?

새끼에게 유난히 정성을 다하는 새들

젖먹이 동물만큼이나 새들도 모성애가 강한 편이야. 가끔 사진이나 텔레비전 화면 속에서 입을 쫙 벌리고 있는 둥지 속 새끼 새들의 입에 어미 새가 먹이를 물어다 넣어 주는 모습을 본 적이 있니?
꾀꼬리는 먹이를 씹어서 어느 정도 소화시킨 것을 새끼들에게 뱉어 줘. 꼬마물떼새는 둥지를 높은 곳에 짓지 않아서 쉽게 위험에 처하는데, 새끼가 알에서 깨어났을 때 적이 나타나면 다리를 저는 척하거나 죽은 척해서, 적의 시선을 딴 곳으로 돌려 새끼를 보호한단다.

▶ 꾀꼬리가 새끼에게 먹이를 주고 있어.

수리부엉이 퇴치 작전

아주 먼 옛날 게으른 사람들만 모여 살던 마을이 있었어.

하루는 수리부엉이가 그 마을에서 밤새 사냥을 하며 돌아다녔어. 수리부엉이는 해가 뜨기 전까지 숲에 있는 보금자리로 돌아가야 했지. 낮이 되면 수리부엉이를 공격하고 괴롭히는 다른 새들이 많았거든. 그런데 그 날은 어쩌다 보니 해가 뜰 때까지도 숲으로 돌아가지 못한 거야.

"이런, 벌써 날이 밝아 오는데 큰일이네. 숲까지 어떻게 돌아가지?"

그때 마침 수리부엉이는 마을 입구에 있는 커다란 헛간을 보고는, 헛간으로 들어가 기둥 위에 자리를 잡았어.

"낮 동안 여기 숨어서 잠을 좀 자야겠다."

수리부엉이가 막 잠들려는데 마부가 헛간으로 들어왔어. 마부는 수리부엉이를 보고는 너무 놀라서 몸이 굳어 버렸지.

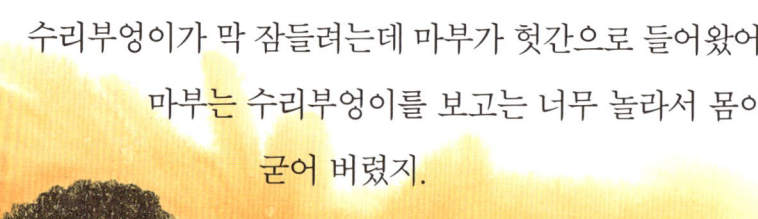

"괴, 괴물이 나타났다!"
마부가 소리치며 헛간 밖으로 뛰쳐나갔어.
헛간 밖에 있던 농부가 그 모습을 보며 한심하게 여겼어. 마부는 평소에 어두운 밤그림자도 무섭다며 돌아다니지 못하는 사람이었거든.
"괴물이라고? 자네 또 그림자를 보고 놀랐나 보군. 나랑 함께 헛간에 들어가 보자고."
농부가 앞장서서 헛간으로 들어서다가 큰 눈을 끔뻑이는 수리부엉이와 눈이 마주쳤어.
"진짜 괴물이다, 괴물이야!"
농부도 놀라서 소리치며 헛간 밖으로 뛰쳐나갔지.

그 소리를 듣고 마을 사람들이 헛간 앞으로 몰려왔어.

"우리 모두 무기를 가지고 와서 괴물을 물리칩시다."

무기를 가지고 온 사람들이 금세 헛간을 에워쌌지. 그런데 누구 하나 먼저 나서지 못하고 주춤주춤 눈치만 살피는 거야. 그때 한 청년이 나섰어.

"제가 기둥 위로 올라가 공격할 테니 누가 사다리를 잡아 주세요."

"제가 돕겠습니다."

다행히 두 청년이 용감하게 헛간 안으로 들어갔어. 한 청년은 사다리를 타고 올라가고, 다른 청년은 사다리를 꼭 잡아 주었지. 청년이 가까이 다가가자 수리부엉이가 커다란 눈동자를 굴리며 낮은 소리로 울었어.

"으, 으악! 괴물이 깨어 있다!"

청년은 허우적거리다가 사다리 위에서 쿵 떨어졌어. 두 청년은 벌벌 떨며 허둥지둥 헛간 밖으로 도망치고 말았어.

마을 사람들은 두려움에 벌벌 떨며 어쩔 줄을 몰랐어.
"저 괴물을 어떻게 물리치지요?"
그때 한 노인이 나서서 말했어.
"헛간을 불태우는 게 어떻습니까? 헛간이 조금 아깝기는 하지만, 작은 것에 연연하다가는 큰 것을 잃을 수도 있습니다."
"좋습니다! 헛간을 불태웁시다!"
마을 사람들은 모두 헛간을 향해 짚단과 횃불을 던졌고, 순식간에 시뻘건 불길이 일었지. 헛간 안에 있던 수리부엉이는 놀라서 날개를 펴고 날아올라 숲으로 향했단다.
게으르고 어리석은 마을 사람들이 힘을 합쳐 용감하게 괴물을, 아니 괴물이라고 생각한 수리부엉이를 물리친 거야.

게으른 마을 사람들도 위기의 순간에 함께 힘을 합친 것처럼, 여러 사람이 생각을 모으고 용기를 낸다면 쉽게 위기를 극복할 수도 있단다.

하니 박사의 생태 이야기

수리부엉이만의 특별한 능력은?

▲ 수리부엉이는 날 때 거의 소리를 내지 않고, 쥐, 새, 토끼 등을 잡아먹지.

수리부엉이의 먹잇감이 되는 동물들에게는 이렇게 소리없이 날아오는 수리부엉이가 정말 무섭겠군요.

    이야기 속에서 사람들이 괴물이라고 생각한 새의 커다란 눈동자와 낮은 울음소리는 수리부엉이의 대표적인 특징이야.
    수리부엉이는 우리나라의 올빼미과 새 중에서 몸이 가장 큰 새야. 커다랗고 동그란 눈, 그리고 뿔 모양의 귀깃이 특징이지. 보통 새들은 머리의 양옆에 눈이 달려 있지만, 수리부엉이의 눈은 사람처럼 얼굴의 앞에 있고, 황소만큼 아주 커. 갈고리 모양으로 휘어 있는 부리, 날카롭고도 긴 발톱은 다른 동물을 사냥하는 사냥꾼의 외모로, 수리부엉이의 모습이 사람에게는 꽤 위협적으로 보일지도 몰라. 더구나 '부~ 부~' 하는 울음소리는 어두운 밤중에 들으면 으스스한 기분이 들기도 하지. 그런데 수리부엉이에게는 이러한 외모보다도 더 특별한 능력들이 많아.

주로 밤에 활동하는 수리부엉이는 목뼈가 아주 발달했기 때문에 목을 양쪽으로 270도까지 돌릴 수 있어. 그래서 몸을 움직이지 않고 목만 살짝 돌려도 뒤에 뭐가 있는지 금방 알 수 있지. 눈이 큰 만큼 어두운 밤에도 잘 볼 수 있지만, 보는 능력뿐 아니라 듣는 능력까지 발달해서 수십 미터 떨어진 곳에서 쥐가 움직이는 소리를 듣고는 그곳을 찾아가 먹이를 사냥할 수도 있단다. 수리부엉이의 신기한 능력 중 하나는 수리부엉이가 날아갈 때 거의 소리를 내지 않는다는 거야. 날개가 커다란 만큼 날갯짓을 하면 '푸드득푸드득' 요란한 소리를 낼 것 같지만, 날개 끝이 빗 모양으로 되어 있고, 날갯짓의 겉면이 융단처럼 아주 부드럽기 때문에 날 때 거의 소리를 내지 않는단다. 수리부엉이에게 잡아먹히는 먹이 입장에서는 참 무섭겠지?

그래서 수리부엉이를 밤의 제왕이라 부르고, 비슷한 덩치의 포식자 새들도 밤에는 수리부엉이의 희생양이 되곤 하지요.

입으로 배설을 하는 수리부엉이

수리부엉이는 쥐, 토끼, 작은 새, 다람쥐 같은 작은 동물들을 잡아먹는 육식 동물이야. 늑대나 사자 같은 육식 동물들은 날카로운 이로 고기를 씹어 먹는데, 수리부엉이는 먹이를 어떻게 먹을까?

수리부엉이는 이빨이 없어서 먹이를 씹지 않고 통째로 삼켜. 그리고 소화시키기 어려운 동물의 털이나 뼈 같은 것을 덩어리로 다시 토해 낸단다. 이것을 '펠릿'이라고 해. 마치 입으로 배설을 하는 것과 마찬가지이지. 그래서 수리부엉이의 펠릿을 분해해 보면 수리부엉이가 어떤 먹이를 먹었는지 알 수 있단다.

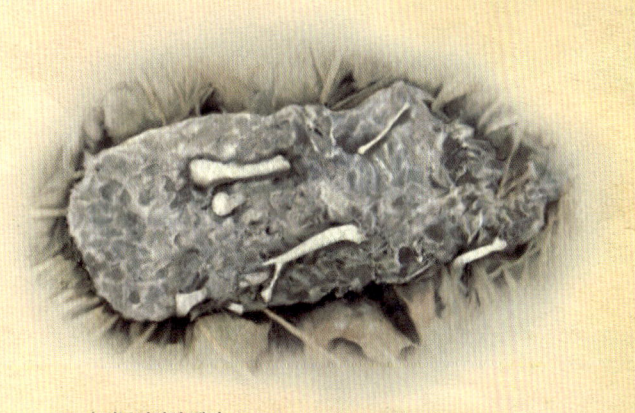

▲ 수리부엉이의 펠릿

하니 박사의 생태 이야기

물가에 사는 새 중 외모가 독특한 새는?

▲ 슈빌은 새 중에 부리와 머리가 가장 커.   ▲ 날개를 편 슈빌의 모습이야.

깊은 산 바위 벽이나 강가의 절벽에서 생활하며 눈에 띄는 겉모습과 위풍당당한 사냥 실력을 자랑하는 수리부엉이처럼, 물가에 사는 새 중에서도 예사롭지 않은 겉모습으로 눈길을 끄는 새들이 있어.

아프리카 습지에 사는 새 중에 덩치가 아주 커서 마치 공룡을 보는 것 같은 착각을 일으키게 만드는 새가 있는데, 바로 '슈빌'이라는 새야. 회색 털이 온몸을 덮고 있는 슈빌은 키가 100~150센티미터에 이르러서 어린아이 키만 해. 게다가 날개를 편 길이는 230센티미터에서 260센티미터까지 되니, 엄청나지? 특히 부리가 가장 눈에 띄는데, 크고 넓적한 구두처럼 생긴 부리 때문에 '넓적부리황새' 또는 '주걱부리황새'라고도 불린단다. 아마 새들 중에서는 부리와 머리가 가장 큰 새일 거야. 슈빌은 야생 습지에서 단독으로 생활하는데, 몇 십 분 동안 꼼짝하지 않고 한 곳만 계속 바라보고 있기도 하지.

거대한 몸 크기 하면 아프리카의 골리앗왜가리도 뒤처지지 않아. 다

이렇게 큰 새들은 둥지도 크게 짓겠군요.

▲ 골리앗왜가리는 머리가 S자로 구부러져 있어.

른 이름으로 '귀신왜가리'라고도 하는데 왜가리 중에서 몸 크기가 가장 커. 불그스름한 목 부분을 제외하고 전체적으로 회색 깃털이 몸을 덮고, 머리는 S자형으로 구부러져 있어. 몸이 크고 무거워서인지 좀 느리게 나는 편이긴 해도, 먹이 사냥 솜씨만큼은 훌륭하단다. 물가에 살면서 곤충이나 물고기, 뱀 같은 동물을 잡아먹는데 수리부엉이가 소리 소문 없이 날아가 순식간에 먹이를 덮치듯, 골리앗왜가리도 얕은 물 위에서 조용히 서 있다가 먹이가 눈에 들어오면 길고 뾰족한 부리로 순식간에 먹이를 잡아챈단다.

골리앗왜가리는 물가 주변의 낮은 덤불이나 나무에 아주 커다란 둥지를 짓고 산답니다.

검은해오라기의 사냥 전략

물가에 사는 백로, 두루미, 해오라기 같은 새들은 긴 다리와 긴 부리로 물속에 사는 물고기 등을 잡아먹고 사는 새야. 이런 새들 중에 아주 똑똑한 사냥 전략을 펼치는 새가 있는데 바로 '검은해오라기'야.

검은해오라기는 이름처럼 온몸이 검은색인데, 물 위에서 날개를 쫙 펴고 움추린 듯한 모습으로 물 위에 그늘을 만들어. 이때 그늘이나 어두운 곳을 좋아하는 먹이들이 모여들면 검은해오라기는 긴 부리로 잽싸게 먹이를 낚아챈단다.

▲ ▶ 검은해오라기의 모습이야.

엄지 왕자의 여행

사이좋은 농부 부부가 있었는데 부부에게는 아이가 없었어.

"엄지손가락만큼 작은 아이라도 있으면 얼마나 좋을까요?"

얼마 뒤 부부는 정말 엄지손가락만큼 작은 남자아이를 낳았어. 부부는 아이를 '엄지 왕자'라고 부르며 몹시 기뻐했지. 시간이 흘러도 아이는 자라지 않고 엄지손가락만 했지만 똑똑하고 무슨 일이든 척척 해냈단다.

어느 날 농부가 마차를 몰고 집을 나서려는데 엄지 왕자가 말했어.

"아버지, 오늘은 제가 대신 마차를 몰고 다녀올게요."

"얘야, 넌 너무 작아서 마차를 몰기 힘들 거야."

"저도 할 수 있어요. 저를 말의 귓속에 앉혀 주시기만 하면 돼요."

엄지 왕자는 말의 귓속에서 어디로 가야 하는지 큰 소리로 말했어.

마침 길을 가던 남자가 마차를 따라갔어.
"사람이 없는데, 마차가 움직이다니 참 신기하군."
농부가 말의 귓속에서 엄지 왕자를 꺼내는 모습을 본 남자는 너무 놀라서 입을 다물지 못했지.
남자는 농부에게 가서 엄지 왕자를 가리키며 말했어.
"제가 큰돈을 드릴 테니, 저 꼬마를 제게 파십시오."
"네? 제가 세상에서 가장 사랑하는 아들을 팔라고요? 절대 안 돼요!"
그러자 엄지 왕자가 농부의 귀에 대고 속삭였어.
"아버지, 저를 판다고 하세요. 곧 돌아올게요."
농부가 엄지 왕자를 내주자 남자는 농부에게 큰돈을 주었어.

"저는 모자 위에 앉아서 아름다운 경치를 구경하며 가고 싶어요."

엄지 왕자의 말대로 남자는 모자 위에 엄지 왕자를 앉히고 길을 떠났어. 날이 어둑어둑해질 때쯤 엄지 왕자가 다급하게 말했지.

"저 좀 내려 주세요. 급해요!"

엄지 왕자는 땅에 내리자마자 쥐구멍 속으로 쏙 들어가 버렸어.

"이 녀석이 어디로 사라진 거야?"

한참 동안 엄지 왕자를 찾던 남자는 결국 화를 내며 돌아갔어. 그제야 엄지 왕자는 쥐구멍에서 나왔지.

"후유, 여기서 함부로 돌아다니다가는 사람이나 동물들 발에 밟힐지도 몰라. 아! 저기서 밤을 보내면 되겠다."

엄지 왕자는 달팽이 껍데기 속으로 쏙 들어갔어. 엄지 왕자가 막 잠들려는데,

두 남자가 지나가며 이야기하는 소리가 들려왔지.
"어떻게 그 부잣집에 들어가서 금은보화를 훔치지?"
그때 엄지 왕자가 두 남자를 향해 말했어.
"제가 도와드릴까요?"
두 남자는 깜짝 놀라 두리번거렸지.
"여기예요. 땅을 보세요."
남자들은 엄지 왕자를 찾아 들어 올렸어.
남자들과 부잣집에 도착한 엄지 왕자는 창틈으로 쏙 들어갔어.
"여기 있는 금은보화를 다 가져갈까요?"
엄지 왕자는 큰 소리로 외쳤어.
"작게 말해. 사람들이 다 깨겠어."
남자들의 말에도 엄지 왕자는 더 크게 소리쳤지.
"금은보화를 모두 다 가져갈까요?"
남자들은 사람들이 나타날까 봐 부리나케 달아났어.

엄지 왕자는 부잣집 헛간의 마른풀 위에서 잠들었지.

다음 날 아침, 부잣집 하녀가 헛간으로 와 마른풀을 한 움큼 집어 소에게 주었어. 소는 마른풀을 꿀꺽 삼켰지. 깊은 잠에 빠졌던 엄지 왕자는 소의 몸속에서 잠이 깼어. 그런데 마른풀이 자꾸 들어오는 거야.

"그만, 그만! 제발 마른풀 좀 그만 줘요!"

소에게 풀을 주던 하녀는 깜짝 놀라 뒤로 넘어졌어.

하녀는 부잣집 주인에게 그 사실을 알렸어.

부잣집 주인은 나쁜 괴물이 소의 몸속에 들어갔다고 생각하고는 소를 죽이라고 했지. 소가 죽자 어디선가 나타난 배고픈 늑대가 소를 먹기 시작했어. 소의 몸속에 있던 엄지 왕자는 늑대의 몸속으로 들어갔지. 엄지 왕자는 늑대의 배 속에서 외쳤어.

"늑대야, 내가 먹을 게 더 많은 곳을 알아."

엄지 왕자는 늑대에게 자기 집을 알려 주었어. 늑대는 엄지 왕자네 집 곳간에서 실컷 먹고는 너무 배가 불러 나가지를 못했지. 엄지 왕자가 늑대 배 속에서 쿵쿵 뛰며 고래고래 소리를 지르자, 농부 부부가 곳간으로 달려왔어. 농부 부부가 늑대를 잡으려고 할 때, 엄지 왕자가 소리쳤어.

　"어머니, 아버지! 저 여기 있어요. 늑대 배 속에 있어요."

　농부 부부는 늑대를 죽이고, 얼른 엄지 왕자를 꺼냈지.

　"엄지 왕자야, 대체 어디 갔다 이제 온 거니?"

　"저는 여기저기 돌아다니며 신나는 모험을 했어요."

　농부 부부는 엄지 왕자를 꼭 껴안아 주었단다.

엄지 왕자처럼 새로운 일에 겁먹지 않고, 용감하게 도전한다면 새로운 재미도 느끼고 많은 것을 배울 수 있을 거야.

하늬 박사의 생태 이야기
엄지만큼 작은 동물은 누가 있을까?

▲ 사람 손톱보다도 작은 '브루케시아 마이크라'야.

▲ 꼬마잠자리는 날개를 펴도 500원짜리로 가려질 만큼 작아.

▲ 이끼도롱뇽은 몸 크기가 4센티미터 정도 돼.

엄지 왕자는 몸 크기가 작지만, 작은 몸을 이용해서 좋은 일들을 하고 부모님을 행복하게 해 주었어. 이야기 속 상상의 나라에서라면 몰라도, 실제로 엄지 크기의 사람은 없을 거야. 하지만 사람이 아닌 동물의 세계에서는 실제로 엄지만 한 크기, 혹은 그보다 더 작은 크기의 동물들이 있다는 걸 알고 있니?

사람 손톱만큼 작은 카멜레온이 있어. 바로 '브루케시아 마이크라'라는 카멜레온이야. 마다가스카르에서 처음 발견되었는데, 몸길이가 16밀리미터가 채 되지 않아 그냥 눈으로 봤을 때 생김새가 잘 보이지 않을 정도란다.

엄지만 한 크기는 아니지만, 같은 종류의 일반적인 동물들보다 몸 크기가 작은 동물들도 많아.

몸길이가 5~7센티미터밖에 안 되는 쥐도 있어. 바로 뾰족뒤쥐야. 뾰족뒤쥐는 일본 고유종으로, 옆구리에서 심한 악취를 풍기는 특징이 있어. 뾰족뒤쥐는 나무나 바위 아래의 이끼가 많은 곳 주위에 굴을 파고 사는데 추위에 강해서 한겨울 눈 아래에서도 잘 지내고, 행동이 재빨라. '페도프라이네 아마우엔시스'는 세상에서 가장 작은 척추동물로 척추뼈가 7개밖에 되지 않고, 몸길이가 8밀리미터가 채 안 되는 개구

이렇게 작은 동물들의 몸 기관도 갖출 것은 다 갖추고 있을까요?

◀ 이집트땅거북

▲ 페도프라이네 아마우엔시스

리야. '사토미스피그미해마'는 세상에서 가장 작은 해마야. 보통 해마의 몸길이가 15~30센티미터라면, 사토미스피그해마의 몸길이는 10밀리미터가 조금 넘는단다. 거북 중에서 가장 작은 이집트땅거북은 등딱지 길이가 15센티미터가 채 안 되는 데다가, 몸무게도 500그램이 안 되는 작고 귀여운 거북이야. 이집트땅거북은 사막 같은 곳에서 사는데, 사람들의 무분별한 포획으로 이제는 이집트에서 찾아볼 수 없단다.

아주 작은 동물이라도 정교하고 복잡한 몸 구조를 갖추고 있답니다.

세상에서 가장 큰 동물

몸 크기가 손톱만큼 작은 동물이 있는가 하면, 반대로 어마어마한 몸 크기를 자랑하는 동물도 있어. 대왕고래(흰수염고래)는 지구상에 존재하는 동물 중 가장 큰 포유동물이야. 기록에 따르면 지금까지 발견된 대왕고래 중 몸길이가 33.58미터인 것도 있다고 해. 눈 크기가 사람 머리만큼 큰 대왕오징어는 몸길이가 20미터에 이른다고 해. 또 일본과 중국에 살고 있는 장수도롱뇽은 몸길이가 최대 1.5~1.8미터까지 자란다니 정말 놀랍지?

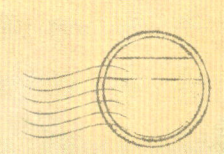
▼ 대왕고래는 지구상에서 가장 큰 대형 고래야.

▲ 장수도롱뇽은 주로 밤에 활동하는데 눈이 좋지.

하니 박사의 생태 이야기
먹이를 통째로 삼키는 동물들이 있다고?

소가 실수로 엄지 왕자를 삼켰다고 해도, 늑대 배 속까지 무사히 들어갈 가능성은 적겠네요.

　엄지 왕자는 소가 마른풀을 통째로 삼키는 바람에 소의 배 속으로 들어갔고, 늑대가 소를 먹는 바람에 다시 늑대의 배 속으로 들어가게 되었어. 그렇다면 실제로 소는 마른풀을 통째로 삼킬까?
　사실 포유동물은 먹이를 통째로 삼키는 게 아니라 씹어서 먹어. 소처럼 풀과 같은 식물을 주로 먹는 초식 동물은 마른풀을 잘근잘근 씹기 좋게 이도 맷돌처럼 생기고, 풀을 잘 소화하도록 위나 맹장 등의 소화 기관이 발달했어. 늑대처럼 주로 고기를 먹는 육식 동물은 고기를 쉽게 자를 수 있게 위아래가 맞물리게 생긴 날카로운 이를 가지고 있지. 그러니 소가 마른풀을 통째로 삼킬 일은 실제로는 아주 드물 거야. 하지만, 실제로 먹이를 통째로 삼키는 동물들이 있어. 바로 뱀이야. 뱀의 턱은 좌우로 분리되어 있을 뿐 아니라, 머리뼈와 턱뼈가 분리되어 있어서, 자기 몸보다도 훨씬 큰 먹이를 집어삼킬 수 있어. 2015년 남아프리카 공화국에서는 커다란 아나콘다가 암소를 통째로 삼켰다가 어쩌지를 못하고 다시 토해 내는 장면이 포착되기도 했지.
　입이 아주 크기로 이름난 물고기인 아귀는 자기 몸만큼 큰 물고기를 통째로 삼킬 뿐만 아니라, 오징어나 새우, 도미 등을 통째로

▲ 몸길이가 6~10미터에 이르는 아나콘다는 독은 없지만 힘이 아주 세.

▲ 사람을 잡아먹는 것으로 알려진 피라이바야.

삼켜 그대로 소화시킨단다.

　피라이바는 아마존에 서식하는 3미터 길이의 대형 메기로 사람을 잡아먹는 메기로 알려져 있어. 실제로 피라이바가 한 어부를 잡아먹다가 숨이 막혀 죽은 일도 있었다고 해. 먹이를 통째로 삼킨 동물들은 소화 기관에서 먹이를 그대로 녹여 영양을 섭취한단다.

> 먹이를 통째로 삼키는 동물들은 때로 욕심을 부려 너무 큰 먹이를 삼키는 바람에 질식해서 죽기도 한답니다.

맛을 느끼지 못하는 동물들

우리는 때로 맛있는 음식을 배불리 먹으면서 행복을 느낄 때도 있어. 만약 먹이를 통째로 먹는 동물이라면 그런 행복을 느끼지 못할 테니 안타까운 일이 아닐까? 바다 동물인 큰돌고래나 바다사자는 먹이를 씹지도 않고 통째로 삼키는 동물 중 하나야. 불행일까, 다행일까? 큰돌고래의 혀에는 맛을 느낄 수 있는 '미뢰'가 없기 때문에 어차피 단맛도 쓴맛도 감칠맛도 모두 느끼지 못한단다.

▲ 큰돌고래는 나이 들수록 이빨이 닳아 거의 남지 않거나 아예 없어진단다.

37

04 다시 읽는 그림 형제 동화

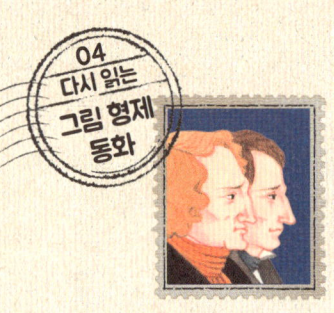

백설 공주

옛날 한 나라의 왕비가 얼굴이 눈처럼 새하얗고 예쁜 공주를 낳았어. 사람들은 공주를 '백설 공주'라고 불렀지. 그런데 왕비가 공주를 낳고 얼마 지나지 않아 세상을 떠나자, 왕은 새 왕비를 맞았어. 새 왕비는 아름다웠지만 성질이 고약하고 질투심이 강했지. 새 왕비는 말을 하는 신기한 거울을 가지고 있었는데, 날마다 거울을 들여다보며 물었어.

"거울아, 거울아, 이 세상에서 누가 가장 예쁘지?"

그러면 거울이 대답했어.

"왕비님이 가장 예쁘시지요."

거울의 대답에 왕비는 기뻐했어. 그 거울은 절대 거짓말을 하지 않거든.

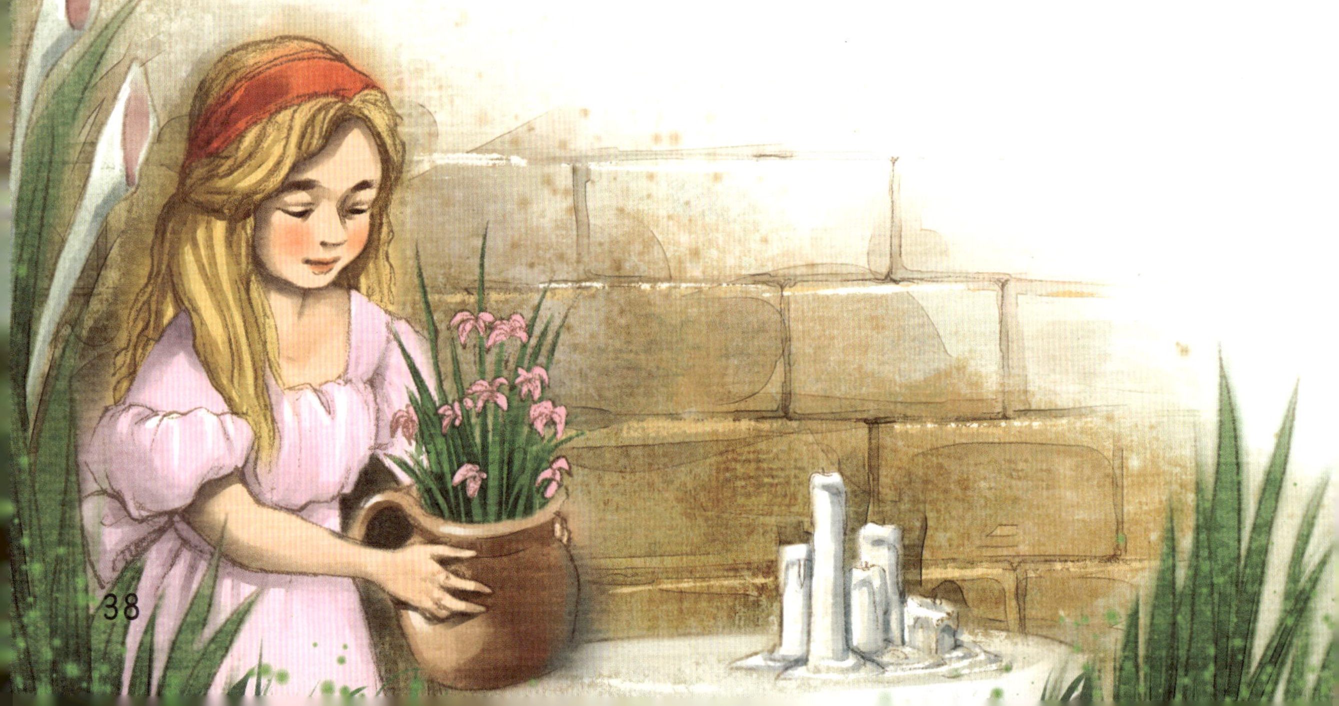

세월이 흘러 아기였던 백설 공주는 예쁜 아가씨로 자랐어.
어느 날 새 왕비가 거울을 들여다보며 물었지.
"거울아, 거울아, 이 세상에서 누가 가장 예쁘지?"
그러자 거울이 대답했어.
"왕비님도 예쁘시지만, 백설 공주님이 가장 예쁘시지요."
새 왕비는 몹시 화가 나 사냥꾼을 불러 말했어.
"당장 백설 공주를 숲으로 데려가 죽여라."
사냥꾼이 백설 공주를 죽이려 하자, 백설 공주는
울면서 애원했어.
"제발 저를 살려 주세요!"
사냥꾼은 예쁘고 착한 공주가 불쌍해서 차마
죽일 수가 없었어.
"그럼 멀리 도망가십시오. 왕비님이
공주님을 죽이려고 하십니다."
사냥꾼은 공주를 살려 준 채 돌아갔지.

숲에 혼자 남겨진 백설 공주는 한참 동안 숲속을 헤매고 돌아다니다가 작은 통나무집을 발견했어.

"똑똑똑!"

문을 두드렸지만 아무 대답이 없어서, 백설 공주는 살짝 집 안으로 들어가 보았어. 집 안에 있는 물건들은 하나같이 다 자그마했어. 작은 식탁 위에는 작은 그릇이 일곱 개 있고 음식이 담겨 있었어. 숟가락과 포크도 일곱 개씩 놓여 있었지. 작은 의자도 일곱 개였어. 배가 너무 고팠던 백설 공주는 작은 그릇에 담겨 있는 음식을 맛있게 먹었어. 그러고 나서 방으로 들어가 보니 작은 침대도 일곱 개가 놓여 있었지. 하루 종일 숲속을 헤매느라 지친 백설 공주는 침대에 쓰러져 잠이 들었단다.

저녁이 되자, 작은 통나무집의 주인들이 돌아왔어. 통나무집의 주인은 일곱 명의 난쟁이들이었지.

"우아, 정말 예쁘다!"

난쟁이들의 말소리에 잠에서 깬 백설 공주는 깜짝 놀랐어. 하지만 난쟁이들은 모두 착하고 친절했지. 백설 공주는 난쟁이들에게 그동안의 일들을 이야기했어. 난쟁이들은 불쌍한 백설 공주에게 통나무집에서 함께 살자고 했지.

난쟁이들이 일하러 가면 백설 공주는 통나무집에서 청소와 빨래도 하고, 맛있는 음식을 만들면서 시간을 보냈어.

난쟁이들은 일하러 가면서 백설 공주에게 일러 두었지.

"왕비가 알고 찾아올지도 몰라요. 그러니까 누가 찾아와도 절대로 문을 열어 주면 안 돼요!"

한편 새 왕비는 백설 공주가 죽었다고 생각하고, 거울에게 물었어.
"거울아, 거울아, 이 세상에서 누가 가장 예쁘지?"
"왕비님도 예쁘시지만, 백설 공주님이 가장 예쁘시지요."
거울이 대답하자 새 왕비는 화가 나서 소리쳤어.
"뭐라고? 백설 공주가 아직 살아 있단 말이야?"
새 왕비는 자신이 직접 백설 공주를 없애기로 했지. 그리고 물건을 파는 할머니로 변장을 하고는, 백설 공주가 살고 있는 숲 속 통나무집을 찾아갔어.
"물건 사세요. 예쁜 물건들이 많답니다."
백설 공주는 창문으로 머리를 내밀며 물었어.
"어떤 물건이 있나요?"
"여러 가지가 있지요. 구경만 해도 되니까 문 좀 열어 주세요."
'저렇게 친절한 할머니에게는 문을 열어 줘도 되겠지?'

백설 공주가 문을 열자 새 왕비는 백설 공주에게 예쁜 리본을 보여 주었어.

"이 리본이 아가씨에게 잘 어울리겠어요. 사지 않아도 좋으니 해 봐요."

새 왕비는 백설 공주의 허리에 리본을 두르고 힘주어 세게 묶었어. 너무 세게 묶어서 백설 공주는 숨이 막혀 쓰러지고 말았지. 새 왕비는 서둘러 왕궁으로 돌아갔어.

일을 마치고 온 난쟁이들은 쓰러져 있는 백설 공주를 보고 깜짝 놀랐어. 난쟁이들은 백설 공주의 허리에 꽉 묶여 있는 리본을 풀어 주었지. 그러자 백설 공주가 다시 숨을 쉬었어.

"다시는 그 누구에게도 문을 열어 주어서는 안 돼요!"

왕궁으로 돌아온 새 왕비는 거울을 들여다보며 다시 물었어.

"거울아, 거울아, 이 세상에서 누가 가장 예쁘지?"

"왕비님도 예쁘시지만, 백설 공주님이 가장 예쁘시지요."

"뭐라고? 백설 공주가 아직도 죽지 않았단 말이야?"

새 왕비는 독을 묻힌 빗을 가지고 다른 할머니 모습으로 변장한 다음, 다시 백설 공주가 살고 있는 숲속 통나무집을 찾아갔어.

"빗 사세요. 아주 예쁜 빗이에요."

백설 공주는 창문으로 머리를 내밀며 말했어.

"미안해요. 할머니를 집 안에 들어오게 할 수 없어요."

"이쪽으로 머리를 대면 예쁜 빗으로 머리를 빗겨 줄게요."

백설 공주는 그 말에 아무 의심 없이 머리를 댔어. 왕비가 독을 묻힌 빗으로 머리를 빗기자 백설 공주는 바로 그 자리에 쓰러졌지.

44

집으로 돌아온 난쟁이들은 쓰러진 백설 공주의 머리에 꽂힌 빗을 빼 주었어. 그러자 백설 공주가 다시 정신을 차렸지.

"앞으로는 정말 누구에게도 문을 열어 주면 안 돼요!"

왕궁으로 돌아온 새 왕비는 거울을 들여다보며 물었어.

"거울아, 거울아, 이 세상에서 누가 가장 예쁘지?"

"왕비님도 예쁘시지만, 백설 공주님이 가장 예쁘시지요."

머리끝까지 화가 난 왕비는 사과 장수로 변장해 독이 든 사과를 가지고 백설 공주를 찾아갔어.

"사과 사세요, 사과 사세요!"

백설 공주는 창문으로 머리를 내밀고 말했어.

"안 돼요. 당신을 집 안에 들일 수 없어요."

"괜찮아요. 이 사과 하나만 맛봐요."

공주가 망설이자 새 왕비는 사과의 독이 없는 쪽을 한입 먹었어.

"이것 봐요. 아주 달콤한 사과랍니다."

백설 공주는 그제야 안심하고 사과를 건네받아 한입 베어 물었지.

"아!"

독이 든 사과를 먹은 백설 공주는 그 자리에 털썩 쓰러지고 말았어.
왕궁으로 돌아온 새 왕비는 거울을 들여다보며 물었어.
"거울아, 거울아, 이 세상에서 누가 가장 예쁘지?"
"왕비님이 가장 예쁘시지요."
거울의 대답에 왕비는 크게 웃으며 기뻐했지.
집으로 돌아온 난쟁이들은 백설 공주가 쓰러져 있는 것을 보았어.
"공주님, 공주님! 일어나세요!"

난쟁이들이 백설 공주를 살리려고 온갖 방법을 써 봤지만 소용없었어. 난쟁이들은 백설 공주를 유리관 안에 눕히고, 곁에서 지켜 주었어.

어느 날, 이웃 나라 왕자가 숲을 지나가다 유리관 안에 누워 있는 백설 공주를 보았어. 왕자가 백설 공주를 자기 나라로 데리고 가서 살려 보겠다고 하자 난쟁이들은 기꺼이 허락했지.

왕자의 신하들이 유리관을 번쩍 들어 올리는데, 한 신하가 나무뿌리에 걸려 넘어지면서 유리관이 흔들렸어. 순간, 백설 공주의 목에 걸려 있던 사과 조각이 툭 튀어나왔지. 그리고 백설 공주가 반짝 눈을 떴어.

"와! 공주님이 살아나셨어."

난쟁이들과 왕자는 기뻐했어.

"공주님, 저와 결혼해 주십시오."

백설 공주는 왕자의 나라로 가서 결혼식을 올리고 행복하게 살았단다.

왕비처럼 겉모습만 아름답게 보이려고 하기보다는 아름다운 마음을 지니는 게 중요해. 아름다운 마음을 지니기 위해 마음 속에 무엇을 채우면 좋을지 생각해 보자.

하니 박사의 생태 이야기

사과가 진짜로 독이 될 수 있다고?

▲ 사과는 홍옥, 국광 등 개량 품종이 다양해.

백설 공주가 왕비의 유혹에 넘어갈 정도로 사과는 많은 사람들의 입을 즐겁게 해 주는 과일이야. 사과나무에 주렁주렁 열리는 사과는 북아메리카, 아시아, 유럽 등의 온대 지역이 원산지야. 그 종류도 여러 가지가 있어서 빨간 사과, 초록 사과 등 색깔, 크기, 모양, 맛 등이 각각 다르지. 새콤하고도 달콤한 맛으로 많은 사람에게 사랑받고 있는 사과는 그냥 먹기도 하고 주스, 식초, 젤리 등 많은 음식과 요리의 재료가 되기도 해. 맛만 좋을 뿐 아니라 탄수화물, 비타민C와 무기 염류도 풍부해서 몸에도 좋아. 하지만 아무리 맛 좋고 몸에 좋은 사과도 잘못 먹으면 독이 될 수 있단다.

사과는 먹는 시간에 따라 약이 되기도 하고, 독이 되기도 해. 사과는 과일 중에서도 유기산이 많이 들어 있는 과일이야. 유기산은 우리 위에서 음식물을 소화시킬 때 나오는 위산이 더 잘 나오도록 돕기 때문에 소화 능력을 좋게 해 주는 효과가 있어. 그리고 사과에는 '펙틴'이라는 성분도 들어 있는데, 이 펙틴 또한 장 운동을 활발하게 해 주어 소화를 돕는단다. 그래서 사과를 아침에 먹으면 밤새 쉬고 있던 위나 장을 자극하기 때문에 소화가 잘 되도록 하지.

그런데 사과를 밤에 먹는다면 위산이 많이 분비되고, 위나 장에 자극이 되면서 심하면 위나 장이 상할 수도 있어. 또 속이 쓰리거나 배 속이

독이 든 사과만 독 사과가 아니라, 밤에 먹는 사과가 독 사과가 될 수도 있군요.

불편해져서 깊은 잠을 방해할 수도 있단다. 뭐든 지나치면 안 좋듯이, 사과도 지나치게 많이 먹으면 사과의 당분이 우리 몸의 에너지로 쓰이는 게 아니라, 몸속에 쌓여 체지방이 되기 때문에 안 좋을 수 있단다.

◀ 사과나무는 장미과 나무로, 8~9월에 열매가 익어.

> 당뇨병 환자의 경우 사과 섭취가 혈당을 더 올려서 안 좋게 작용할 수도 있답니다.

잘못 먹으면 독이 되는 과일

과일은 많은 사람들이 사랑하는 먹거리야. 하지만 사과처럼 잘못 먹으면 독이 되는 과일들이 또 있어. 고기를 구워 먹을 때나 고기를 절일 때 쓰는 노랗고 달콤한 파인애플에는 '브로멜라민'이라는 성분이 있어. 이 성분은 단백질을 분해하는 역할을 하는데, 파인애플을 빈 속에 잘못 먹었다가는 이 성분 때문에 위벽이 상할 수도 있어. 신맛이 강한 레몬도 너무 많이 먹으면 위나 장에 자극을 주기 때문에 위나 장이 약한 사람은 조심해서 먹는 게 좋아.

▶ 레몬과 파인애플은 신맛이 강한 과일이야.

하늬 박사의 생태 이야기
먹으면 독이 되는 씨앗은?

▲ 은행나무의 열매인 은행은 약으로 먹기도 해.

▲ 살구 씨 알맹이는 한약재로 많이 쓴단다.

▲ 여주는 박과의 한해살이풀이야. 주로 어린 과일을 먹지.

백설 공주가 사과를 먹고 쓰러진 게 아주 터무니없는 건 아닐 수 있겠군요.

백설 공주가 사과를 먹고 쓰러진 이유는 어쩌면 따로 있을지도 몰라. 사실 사과의 씨 속에는 자연 독소가 들어 있거든. 이 독소는 사람의 몸에 치명적인 독이 되는 '청산가리'나 '청산 칼륨'의 성분이 되는 독소야. 이 성분들은 아주 적은 양이라고 해도 사람 몸에 흡수되면 호흡을 곤란하게 만들거나 경련을 일으킬 수도 있고, 더 심하면 생명을 위협하기도 해. 일부러 사과 씨만 골라서 빼 먹는 사람은 없겠지만, 사과 씨를 계속해서 먹는다면 진짜로 건강에 해로울 수 있어. 이렇게 사과 씨처럼 잘못 먹으면 독이 되는 씨앗들이 또 있어.

은행나무의 씨앗인 은행은 볶아서 먹으면 고소한 맛이 나. 그런데 익혀 먹지 않고 그냥 먹거나 한꺼번에 너무 많이 먹으면, 알레르기를 일으키거나 열이 나고 두통이 생길 수 있어. 은행 속에도 '시안배당체'와 '메칠피리독신'이라는 독성 물질이 있기 때문이지. 그래서 반드시 익혀 먹고, 어른은 하루에 열 알, 어린아이는 두 알에서 세 알 이상 먹지 않는 게 좋아. 살구 씨앗이나 매실 씨앗 속에는 '아미그달린'이라는 성분이 들어 있는데 이 성분은 식중독을 일으킬 수 있단다. 오이처럼 생긴 '여주'도 열매는 먹지만, 씨앗 속에는 설사나 구토 등을 일으킬 수 있는 성분이 들어 있기 때문에 먹어서는 안 돼. 배나 복숭아의 씨앗 속에도 독성 성분이 들어 있기 때문에 씨를 빼고 먹는 게 좋아.

보통 많은 식물들은 벌레나 나쁜 병균 등으로부터 스스로를 보호하기 위한 방편으로 다양한 화학 성분을 만들어 내서 씨앗이나 열매에 담고 있기 때문에, 열매나 씨앗 등을 먹을 때는 주의하는 게 좋단다.

> 사과 씨 속에 있는 시안배당체는 효소에 의해 분해되면 시안화수소가 만들어져 피부와 점막이 푸르게 변하는 현상이 생길 수 있답니다.

맛도 좋고 영양도 만점인 씨앗

잘못 먹으면 독이 되는 씨앗이 있는가 하면, 맛도 있고 몸에도 좋은 씨앗이 있어. 해바라기 씨에는 단백질과 칼륨뿐 아니라, 비타민, 엽산 등의 영양분이 들어 있어서 그냥 먹어도 좋고, 볶아 먹어도 좋지.
한여름 시원하고 달콤한 맛만큼이나 영양가도 많은 수박의 씨 속에는 불포화지방산이 많이 들어 있어서 심장병, 고혈압, 뇌졸중 같은 질병을 예방하는 데 도움이 돼. 수박은 씨뿐만 아니라 껍질도 몸에 좋아 껍질로 수박채 무침이나 피클 등의 요리로 만들어 먹기도 한단다.

◀▼ 해바라기 씨나 수박 씨는 몸에 좋은 씨앗들이야.

고양이와 쥐

쥐와 친구가 되고 싶은 고양이가 쥐에게 친구가 되자고 말했어.

쥐는 깜짝 놀라 도망갔지만, 고양이는 끈질기게 쥐를 쫓아다니며 친구가 되자고 졸랐지. 결국 쥐는 고양이와 친구가 되기로 했어.

"곧 겨울인데, 미리 먹을 음식 좀 준비해야 하지 않을까?"

쥐의 말에 고양이가 대답했어.

"너처럼 작은 동물은 함부로 다니면 위험하니까 내가 구해 올게."

고양이는 어디선가 버터 단지를 구해 왔어.

"쥐야, 이것 봐. 버터가 가득 든 단지야. 겨울에 먹을 게 뚝 떨어지면 둘이서 이걸 나눠 먹자."

"그래, 좋아. 그런데 이걸 어디에 숨겨 두지?"

"교회 안에 숨겨 두는 게 어때? 아무도 훔쳐 가지 않을 거야."

고양이와 쥐는 버터 단지를 교회 안에 꼭꼭 숨겨 두었어.

며칠 후 고양이는 숨겨 둔 버터가 먹고 싶어졌어.

"쥐야, 내 조카가 세례를 받는대서 교회에 다녀와야겠어."

고양이는 쥐에게 거짓말을 하고 교회로 가서 버터 단지를 꺼냈어. 그리고 단지 안의 버터 위쪽을 혀로 할짝할짝 핥아먹었지.

고양이가 돌아오자 쥐가 물었어.

"고양이야, 세례를 받으면 새 이름이 생긴다던데 조카 이름은 뭐야?"

"으응, 이름이 '위쪽 꿀꺽'이래."

"참 이상한 이름이네."

며칠 뒤 고양이는 또 고소한 버터가 생각 났어.

"쥐야, 다른 조카가 세례를 받는대서 교회에 다녀와야겠어."
고양이는 교회로 달려가 허겁지겁 버터를 핥아먹었어.
어느새 단지 안의 버터는 반쯤 사라졌지.
돌아온 고양이에게 쥐가 물었어.
"이번에 세례 받은 조카 이름은 뭐야?"
"으응, '반쯤 꿀꺽'이래."
"정말 이상한 이름이구나."
며칠 후 고양이는 또 버터가 먹고 싶어졌어.
"쥐야, 내 또 다른 조카가 세례를 받는다니 교회에 다녀올게."
"넌 조카가 참 많은가 보구나. 그럼 잘 다녀와."
이제 버터 단지 안에는 버터가 조금도 남지 않았어.
"이번에 세례 받은 조카 이름은 뭐야?"

"으응, '몽땅 꿀꺽'이래."

어느덧 추운 겨울이 오고 먹을 게 똑 떨어지자 쥐가 고양이에게 말했어.

"우리 숨겨 놓은 버터라도 먹자."

고양이와 쥐는 교회로 가서 버터 단지를 열었어. 하지만 버터 단지는 텅텅 비어 있었지. 그제야 쥐는 고양이가 했던 말들이 생각났어.

"너 혼자 버터를 다 먹은 거지? 처음에는 위쪽 꿀꺽, 다음엔 반쯤 꿀꺽, 그리고……."

"조용히 해! 더 말하면 너까지 꿀꺽 잡아먹을 거야!"

"몽땅 꿀꺽한 거였어."

결국 쥐는 고양이에게 잡아먹히고 말았단다.

가까이 다가와 친한 척하는 사람을 어떻게 대해야 할까? 나쁜 마음은 언젠가는 탄로가 나는 법이란다.

하늬 박사의 생태 이야기
고양이만 한 쥐가 있다고?

▲ 보사비 울리 들쥐의 모습이야.

집에서 기르는 고양이들도 쥐를 잡아먹나요?

쥐의 천적인 고양이와 쥐가 친구가 되다니, 어쩌면 쥐는 처음부터 고양이를 믿지 말았어야 했는지도 몰라. 쥐가 고양이보다 몸 크기도 크고 힘이 센 동물이라면 억울하게 잡아먹히지도 않았을 거야. 그런데, 실제로 몸 크기가 고양이만 한 쥐가 나타났다는 사실을 알고 있니?

2009년 남태평양의 파푸아 뉴기니에서 머리부터 꼬리까지 몸 크기는 80센티미터가 넘고 몸무게도 1.5킬로그램 정도 되는 커다란 들쥐가 발견되었어. 이 들쥐는 '보사비 울리 들쥐'라고 불리는데, 땅이나 나무 속에 집을 짓고 풀이나 열매 등의 식물을 먹고 살아. 덩치는 크지만 성격은 아주 순하단다.

그리고 최근 영국이나 미국, 스웨덴 등의 나라에는 몸길이가 40센티미터가 넘는 커다란 쥐가 종종 나타나 사람들을 놀래킨다고 해. 이 쥐들은 가정집의 콘크리트 벽에 구멍을 뚫고 부엌으로 들어오거나, 배수관을 갉아 먹고 들어와 부엌 식탁을 습격하는 일도 있었단다. 대도시에 사는 곰쥐나 시궁쥐 같은 쥐들로, 햄버거 같은 패스트푸드나 음식 쓰레기를 먹으면서 몸 크기가 거대해졌을 거야.

몇 년 전 미국의 한 신발 가게에 몸길이가 70센티미터나 되는 쥐가 나타났는데, 생물학자들은 이 쥐를 아프리카에 살던 '감비아도깨비쥐'로 추정했어. 애완동물로 수입되었다가 기르던 주인에게 버려지거나 도망쳤을 가능성이 높아. 이 쥐는 실제로 몸길이가 1미터가 넘을 만큼 크게 자라고 지능이 좋으며 사람에게 잘 길들여지는 편이라 애완동물로 인기가 좋다고 해.

> 야생의 고양이라면 쥐나 작은 새, 벌레를 잡아먹을지 모르겠지만 집에서 기르는 고양이나 도시의 길고양이들은 쥐를 잘 잡아먹지 않지요.

생태계를 교란시키는 괴물 쥐, 뉴트리아

뉴트리아는 원래 남아메리카에 살던 동물로 몸길이는 40센티미터가 넘고, 꼬리 길이만 해도 20센티미터가 넘는 거대한 쥐의 모습을 하고 있어. 우리나라에는 가죽이나 고기를 얻기 위해 1980년대에 들어왔는데, 생각보다 뉴트리아의 가죽이나 고기가 잘 팔리지 않아 사육을 포기하는 농가가 늘면서 뉴트리아의 수가 갑자기 늘어났지. 천적이 없는 포식자라고 해서 우리나라에서는 생태계 교란 야생 동물로 지정되었어. 아직까지는 심각한 피해를 입지 않았지만 개체 수가 끊임없이 늘어난다면 농가 피해나 습지 파괴가 일어날 수 있기 때문에 퇴치 작업이 진행되고 있단다.

▲ 쥐와 비슷한 뉴트리아는 뒷발가락 사이에 물갈퀴가 있어.

하늬 박사의 생태 이야기

서로 원수처럼 지내는 동물이 있다고?

▲ 뱀을 공격하는 몽구스의 모습이야.

쥐를 잡아먹는 고양이는 쥐의 천적이야. 이처럼 어떤 동물을 잡아먹는 동물을 잡아먹히는 동물의 '천적'이라고 불러. 먹고 먹히는 관계라는 게 무섭고 안타까워 보일 수도 있지만, 천적이라는 관계도 생태계를 유지하는 자연의 법칙이라 여기면 아주 자연스러운 거야. 그래도 잡아먹히는 동물의 입장에서는 자신을 잡아먹는 동물이 원수처럼 느껴질 거야.

고양이는 쥐의 천적이기도 하지만, 족제비나 개, 부엉이나 매, 뱀 등도 야생의 쥐를 노리는 천적들이야. 하지만 이 동물들도 천적이 있어.

쥐를 노리는 뱀, 그것도 무서운 독을 가진 코브라가 원수같이 여기는 동물은 바로 '몽구스'야.

몽구스는 족제비랑 비슷하게 생긴 동물로 뾰족한 입과 작고 둥근 귀, 짧은 다리와 털이 많은 긴 꼬리가 특징이야. 얼핏 보면 귀여워 보이지만, 성질이 사나운 데다가 동작도 아주 날렵하고 민첩해서 독사가 공격을 해도 아주 잘 피하지. 더구나 아무거나 잘 먹는 잡식 동물이라 곤충이나 식물, 물고기, 작은 동물뿐 아니라 독이 있는 뱀의 머리까지도 꽉 물어서 잡아먹어 버린단다. 몽구스는 다른 동물에 비해 독사의 독에 10배 정도 강한 면역이 있어. 그래서 인도나 아프리카 등의 나라에서는 독사를 잡기 위해 일부러 몽구스를 키우기도 한대.

온순해 보이는 벌꿀오소리가 오히려 코브라 같은 독사나 사자 같은 맹수에게는 원수 같겠네요.

▲ 벌꿀오소리는 오소리와 비슷한데 머리가 커.

족제비과의 한 종류인 벌꿀오소리 또한 독사를 두려워하지 않는 동물 중 하나야. 이름처럼 벌꿀을 아주 좋아해서 벌들이 아무리 공격을 해도 벌집을 헤치며 끝까지 꿀을 찾지. 벌꿀오소리도 몽구스처럼 아주 강한 독에도 면역이 있기 때문에 코브라 같은 독사에게 굴하지 않지. 더구나 호랑이나 사자 같은 맹수가 물어도 끄떡없을 만큼 두꺼운 가죽을 가지고 있어서 맹수에 맞서 싸우기도 한단다.

벌꿀오소리는 지구상에서 가장 겁 없는 동물로 기네스북에 올라 있는 동물이랍니다.

천적도 꺼리는 동물들

우리나라의 동물 중 천적도 꺼리는 동물 중 하나가 무당개구리야. 무당개구리는 우리나라의 양서동물 중에 가장 개체 수가 많은 동물로 피부에서 독액이 나오기 때문에 개구리의 천적인 뱀도 무당개구리는 잘 잡아먹지 않아.
무당개구리는 적이 나타나면 앞다리를 높이 들고 누워서 몸을 웅크린 채 머리와 뒷다리를 등 쪽으로 굽히고는 배의 붉은색으로 적을 경계해. 강한 외모와 독 때문에 천적도 꺼리기는 하지만, 유혈목이처럼 독이 있는 뱀 또는 너구리가 더러 무당개구리를 잡아먹기도 한단다.

▲ 무당개구리의 피부에서 나오는 하얀 독액은 사람의 피부에도 자극을 준단다.

새와 쥐와 소시지

　새와 쥐와 소시지가 한집에서 사이좋게 살고 있었어. 셋은 각자 할 일을 정해서 맡은 일을 열심히 했지. 새는 날마다 땔나무를 주워 왔어. 쥐는 우물에서 물을 길어 오고 불을 지폈어. 그리고 소시지는 요리를 했지.
　어느 날, 새가 땔나무를 주워 오다가 다른 새를 만났어.
"넌 왜 그렇게 날마다 땔나무를 주워 오니?"
"응, 난 우리 집에서 땔나무 주워 오는 일을 맡았거든."
"다른 애들은 집에서 편히 있는데 넌 정말 힘들겠구나."
　새가 곰곰이 생각해 보니 정말 자기만 힘든 일을 하는 것 같았지.
　집으로 돌아온 새가 쥐와 소시지에게 툴툴거렸어.

"그동안 너희는 집 안에서 편한 일만 하고, 나만 밖으로 나가 힘든 일을 한 것 같아. 이건 뭔가 불공평해."

그러자 쥐와 소시지가 새를 달래며 말했어.

"우리 서로 각자 맡은 일을 잘해 왔잖아. 갑자기 왜 그래?"

"맞아, 그동안 아무 문제없이 잘 지내 왔잖아?"

하지만 새는 버럭 화를 냈어.

"나도 이제 집 안에서 편한 일을 하고 싶어. 우리 서로 역할을 바꿔서 일하자."

하는 수 없이 새와 쥐와 소시지는 하던 일을 바꾸었어.

소시지가 땔나무를 주워 오고,

쥐는 요리를 하고, 새는 물을 길어

오고 불을 지피는 일을

하기로 했지.

어느 날 소시지가 땔나무를 주우러 밖으로 나갔는데, 새와 쥐가 집에서 한참을 기다려도 소시지가 돌아오지 않는 거야.

"소시지가 왜 돌아오지 않는 거지?"

"그러게. 나간 지 한참 되었는데 말이야."

걱정이 된 새가 집 밖으로 나가 봤더니, 길가에 땔나무들이 떨어져 있고 그 앞에 개가 앉아 있었어.

"너 혹시 소시지를 보지 못했니?"

"그 소시지는 내가 맛있게 꿀꺽했지."

"뭐라고? 소시지를 먹다니 어떻게 그럴 수가 있어?"

새가 개에게 따졌지만 개는 들은 척도 안 하고 멀찌감치 가 버렸지. 새는 슬피 울며 집으로 돌아왔어. 쥐도 새의 이야기에 몹시 슬퍼했지.

그 이후 새와 쥐 둘이서 맡은 일을 하며 살았어. 요리를 하러 부엌에 들어간 쥐는 한 번도 요리를 해 보지 않아서 뭘 어떻게 해야 할지 몰랐지. 국을 끓이려던 쥐는 뜨거운 국물에 빠져 버리고 말았어.

새가 땔나무를 들고 부엌으로 갔는데 쥐가 보이지 않았지.

"쥐야, 어디 있어?"

이리저리 쥐를 찾던 새가 땔나무를 떨어뜨렸는데, 땔나무에 불꽃이 튀어 불이 붙었어. 불은 순식간에 활활 타올랐지.

"아, 어떻게 하지?"

새는 허둥지둥 우물로 물을 길으러 갔어. 그런데 그만 실수로 두레박을 놓쳐 버려, 우물 속으로 풍덩 빠지고 말았단다.

내게 주어진 일만 어렵게 느껴지고 다른 사람에게 주어진 일은 쉬워 보일 수도 있어. 자신에게 주어진 일에 감사하며 최선을 다한다면 만족하는 삶을 살 수 있을 거야.

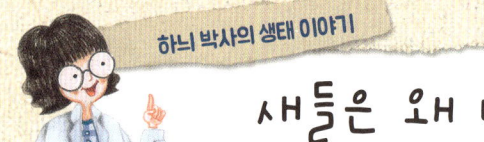

하니 박사의 생태 이야기
새들은 왜 나뭇가지를 모을까?

▲ 풀이나 나뭇가지 등으로 둥지를 짓는 새들의 모습이야.

새가 나뭇가지를 물고 다니는 중요한 이유가 있었군요.

　새가 땔감을 주워 오는 일에 불만을 갖지 않았다면 새와 쥐와 소시지는 계속 잘 지낼 수 있었을 텐데, 사소한 불만과 이기심 때문에 모두가 불행해지고 말았구나. 사실 나뭇가지 같은 땔감을 주워 오는 일은 새에게 딱 맞아. 왜냐고? 실제로 잘 관찰해 보면 새들이 나뭇가지를 입에 물고 다니는 모습을 쉽게 볼 수 있어. 새들은 왜 그렇게 나뭇가지를 모으는 걸까? 그건 바로 둥지를 짓기 위해서야. 새의 둥지는 우리가 밥을 먹고 잠을 자는 집이랑은 약간 달라. 둥지 안에서 알을 낳고 품으며, 알과 새끼를 보호하고 기르려는 목적이 더 크거든. 외부의 위험으로부터 알과 새끼를 보호하려면 둥지가 아주 튼튼해야 해. 그래서 보통 새들은 단단한 나뭇가지나 풀, 줄기 등의 재료를 사용해서 둥지를 지어. 나뭇가지나 풀, 줄기 등의 식물이 튼튼해 봤자 얼마나 튼튼하겠냐고? 나무는 사람이 사는 집의 건축 재료로도 많이 쓰이는데, 그건 나무 속에 들어 있는 '셀룰로오스'라는 성분 때문이야. 이 성분은 물에 잘 녹지 않아서 비가 오거나 눈이 와도 둥지가 쉽게 무너지지 않게 해 주거든. 또 나무는 무게를 견디는 힘도 좋으니 새들의 보금자리 재료로는 딱 좋지. 그런데 새들이 나뭇가지로만 집을 짓는 건 아니야. 새의 종류마다 집을 짓는 재료는 조금씩 다른데, 거미줄 같은 것을 더 써서 나뭇가지를 단단히 고정시키기도 해. 거미줄은 보기에는 아주 가늘고 얇지만 탄력이 좋은 천연 섬유라서, 여러 겹으로 친친 감으면 큰 충격에도 쉽게 무너지지 않는 둥지를 만들 수 있거든. 새에 따라서 집을 짓는 재료, 모양, 장소가 각각 다르긴 해도, 새가 집을 잘 짓는 건축가 동물임에는 틀림없는 것 같지?

> 새들은 보통 나뭇가지, 풀잎, 이끼, 갈대 같은 식물뿐 아니라, 깃털이나 진흙 등을 사용해서 집을 짓지요.

나뭇가지로 먹이를 잡는 새

새는 나뭇가지를 모아 둥지를 짓기도 하지만, 나뭇가지를 이용해 먹이를 잡기도 해. 나뭇가지로 어떻게 먹이를 잡을까? 여름 철새인 검은댕기해오라기는 물 위에 나뭇가지를 띄워 놓았다가, 피라미 같은 작은 물고기가 나뭇가지를 향해 다가오면 잽싸게 물고기를 낚아채. 해오라기류의 새들은 발에 물갈퀴가 없어서 수영을 잘 못하거든. 그래서 나뭇가지나 깃털 같은 것을 물고 와 물 위에 띄워 미끼로 사용하면서 먹이를 잡는단다.

▲ 검은댕기해오라기는 강가에서 개구리나 가재 같은 것을 잡아먹으며 혼자 살아.

하니 박사의 생태 이야기
잠수를 잘하는 새가 있다고?

▲ 가마우지가 물고기를 잡아먹는 모습이야.   ▲ 물 위에 떠 있는 검은부리아비야.

잘 나는 새들은 날기 좋게, 헤엄을 칠 줄 아는 새들은 헤엄치기 좋은 몸 구조를 지녔다는 게 신기하군요.

    이야기 속 새는 땔나무에 붙은 불을 끄려고 허둥지둥 우물의 물을 길으러 갔다가 그만 우물에 빠지고 말았어. 물가 근처에 사는 물새가 아니라면 새는 헤엄을 칠 수도 없는데다, 날개가 물에 젖어 하늘 높이 날아오르기 힘들기 때문에 물에 빠질 수밖에 없었을 거야. 실제로 물에 빠져 허우적거리는 어린 새를 건져 올려 주는 곰이나 오랑우탄의 모습이 목격되기도 했지. 물새가 아니면 훨훨 나는 새도 물에 빠져 죽을 수 있거든.
    물새는 발에 물갈퀴가 달려서 자유롭게 물 위를 헤엄치거나, 긴 다리로 낮은 물 위를 걸어다니며 물가 근처에서 지내는 새야. 오리류, 기러기류, 고니류, 두루미류, 물떼새류, 도요새, 백로, 왜가리 등이 물새에 속하지. 그런데 물과 친한 것을 넘어서 잠수에 아주 뛰어난 재주를 가진 새들이 있어.

물새 중 하나인 가마우지는 잠수를 아주 잘하는 새야. 가마우지는 몇 분 동안 잠수를 하며 긴 갈고리처럼 생긴 부리로 물고기를 잡아 통째로 삼켜 버린단다.

검은부리아비도 잠수를 아주 잘하는 물새야. 검은부리아비는 수영하기 좋게 물갈퀴가 달린 큰 발을 가지고 있고, 잠수할 때 몸을 뒤로 확 밀기 편하게 다리가 몸통의 뒤쪽에 붙어 있지. 검은부리아비는 꽤 오랜 시간 잠수할 수 있을 뿐 아니라, 60~80미터 깊이의 물속에서도 잠수할 수 있단다.

날지는 못해도 잠수 실력은 아주 뛰어난 새가 바로 펭귄이야. 펭귄은 날개가 있지만 지느러미 모양으로 변형되어 날지 못하고, 걸을 때도 뒤뚱뒤뚱 걷지만 잠수 실력 하나는 선수란다.

> 펭귄만 봐도 다른 새와 달리 뼈 속에 공기가 들어 있지 않고, 호흡 기관이나 순환 기관도 바다 속에 사는 동물들과 비슷한 구조를 지니고 있기 때문에 잠수를 잘할 수 있답니다.

새끼를 업어 키우는 잠수부, 논병아리

물새 중에 잠수하는 재주가 아주 뛰어난 새가 바로 '논병아리'야. 오리랑 비슷하게 생겼는데 비둘기 정도의 몸 크기로 덩치가 작은 편이지. 날개는 매우 짧은 편이지만 날 수 있어.

논병아리는 봄이 되면 물 위에 수초로 둥지를 짓고 알을 낳아 새끼를 키우지. 그런데 논병아리는 마치 사람처럼 새끼를 업어 키운단다. 갓 태어난 새끼들이 차가운 물 때문에 체온이 떨어지지 않게, 또 물속에서 가물치 같은 대형 물고기에게 공격당할 수 있기 때문에 위험한 적으로부터 새끼를 보호하기 위해서 새끼를 업어 키운다고 해.

▲ 논병아리는 각각의 발가락에 독립된 막을 가지고 있어서 헤엄을 잘 칠 수 있어.

07 다시 읽는 그림 형제 동화

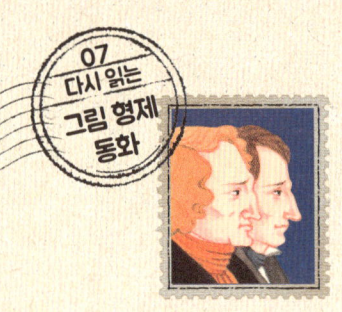

브레멘 음악대

오랜 세월 주인을 위해 열심히 일한 당나귀가 있었어. 하지만 나이가 들자 주인은 일도 잘 못하면서 먹을 것만 축낸다며 당나귀를 내쫓았어.

"브레멘으로 가야겠다. 브레멘 음악대에 들어가야지."

당나귀는 브레멘으로 향하는 길에 쭈그리고 있는 개를 보았어.

"개야, 넌 왜 이런 데서 쭈그리고 있니?"

"내가 늙어서 사냥을 못하니까 주인이 날 죽이려고 했어. 간신히 도망쳐 나왔지만 갈 데가 없어."

"난 브레멘 음악대를 찾아갈 건데, 너도 같이 갈래?"

"그래! 좋아."

당나귀와 개는 함께 브레멘으로 향했어.

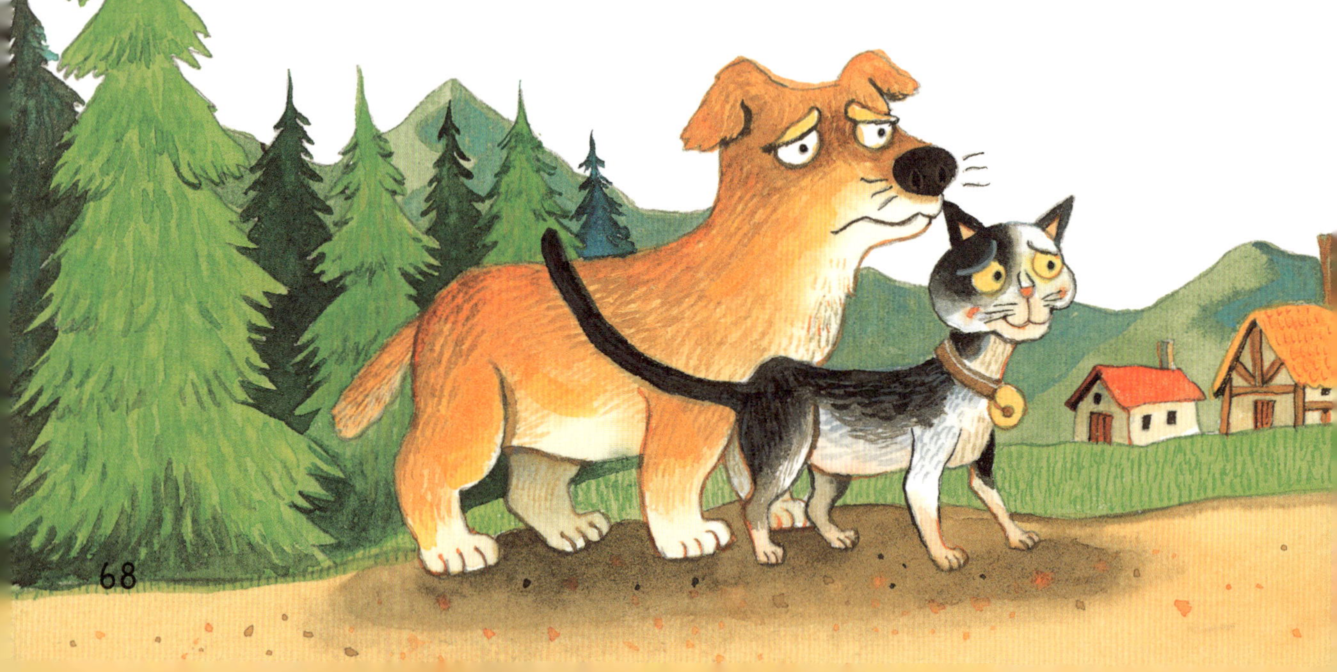

둘이 함께 길을 걷다가 길가에 앉아 있는 고양이를 만났어.

"고양이야, 넌 왜 여기에 앉아 있니?"

"내가 늙어서 쥐도 못 잡는다고 주인이 날 쫓아냈어."

"우리는 브레멘 음악대를 찾아갈 건데, 너도 같이 갈래?"

"와! 좋은 생각이야."

당나귀, 개, 고양이가 한참을 걷다가 크게 울고 있는 수탉을 보았어.

"수탉아, 왜 그렇게 울고 있니?"

"오늘 주인 집에 손님이 온다며 나를 잡겠다고 하잖아. 내 처지가 너무 슬퍼서 우는 거야."

"우리는 브레멘 음악대를 찾아갈 건데, 너도 우리랑 함께 가자."

"그래! 그게 좋겠다."

당나귀, 개, 고양이, 수탉은 브레멘으로 향했지.

　동물들은 사방이 어둑어둑해질 때쯤 숲에 다다랐어. 모두 배도 고프고 지쳐 있었지.
　"브레멘까지 가려면 멀었는데, 오늘은 여기서 자고 가자."
　당나귀와 개는 나무 아래에 눕고, 고양이는 나뭇가지에 올라앉고, 수탉은 나무 꼭대기에 자리를 잡았어. 나무 꼭대기에 있던 수탉이 외쳤지.
　"저 숲속에 불빛이 보여. 집이 있나 봐."
　"그래? 여기는 잠자기 불편하니까 그쪽으로 가 보자."
　동물들은 불빛이 흘러나오는 곳을 향해 갔어. 가장 몸집이 큰 당나귀가 창문으로 다가가 살짝 집 안을 들여다보았지.

"당나귀야, 뭐가 보이니?"

"도둑들이 식탁 위의 먹음직스러운 음식들을 먹고 있어."

"아…… 맛있겠다!"

동물들은 군침을 꿀꺽 삼키며 말했지.

"도둑들을 집에서 쫓아낼 방법이 없을까?"

동물들은 머리를 맞대고 한참을 생각하다, 좋은 생각을 떠올렸어.

당나귀가 문 앞에 서고, 개는 당나귀의 등 위에 올라타고, 고양이는 개의 등 위에 올라타고, 수탉이 고양이의 등 위로 푸드덕 날아올랐어. 그리고 동시에 크게 울며 집 안으로 달려들어 갔지.

"히히힝, 히히힝! 멍멍, 멍멍! 야옹, 야옹! 꼬끼오, 꼬끼오!"

도둑들은 괴물이 나타난 줄 알고 무서워서 달아났어.

"야호! 우리가 해냈다!"

동물들은 기뻐하며 식탁에 차려진 음식들을 맛있게 먹었어.

음식을 실컷 먹고 난 동물들은 불을 끄고 잠자리에 들었지.

당나귀는 마당에 놓인 푹신한 거름 위에 눕고, 개는 문 앞에 눕고, 고양이는 따뜻한 난롯가에 눕고, 수탉은 기둥 위에 앉았어.

달아났던 도둑들은 멀리서 집을 지켜보았어. 한참 뒤에 불이 꺼지고 집 안이 조용해지자 도둑들은 다시 살금살금 집 가까이로 다가왔지. 그리고 도둑의 우두머리가 부하에게 집 안을 자세히 살펴보라고 시켰어.

도둑 부하는 슬금슬금 집 안으로 들어가 불을 켜려고 했어. 깜깜한 어둠 속에서 고양이의 눈이 빛나자, 부하는 불이 붙은 석탄인 줄 알고 불을 밝히려고 성냥개비를 갖다 댔지. 그러자 고양이가 긴 발톱으로 부하의 얼굴을 휙휙 할퀴었어. 부하는 깜짝 놀라 도망쳤지.

도둑 부하가 문밖으로 나가려는데 문 앞에 누워 있던 개가 다리를 꽉 물었어. 마당으로 뛰쳐나가니 거름 위에 누워 있던 당나귀가 뒷다리로 부하를 힘껏 걷어찼지. 시끄러운 소리에 잠에서 깬 수탉이 '꼬끼오!' 하고 울었어. 부하는 간신히 집을 빠져나와 도둑 우두머리에게 말했지.

"집 안에 무서운 마녀가 있었어요. 긴 손톱으로 제 얼굴을 할퀴었어요. 또 문 앞에는 한 남자가 칼로 제 다리를 찔렀어요. 마당에는 검은 괴물이 몽둥이로 저를 때렸고요. 지붕 위에서 그들의 대장이 저를 잡아 죽이라고 고함을 쳤어요. 죽을 뻔했다가 간신히 도망쳤다고요!"

그 뒤로 도둑들은 그 집 근처에 얼씬도 하지 않았지. 동물들은 그 집이 무척 마음에 들어, 브레멘으로 가지 않고 함께 그 집에서 살기로 했단다.

때로는 어렵고 좌절할 일이 생기더라도 포기하지 않고 새로운 꿈을 향해 노력한다면 꼭 좋은 일이 생길 거야.

하니 박사의 생태 이야기

서로 돕고 사는 동물은 누가 있을까?

▲ 코뿔소의 등 위, 물소의 얼굴에 소등쪼기새가 앉아 있어.

사람만 서로 돕고 사는 게 아니라 동물들도 서로 돕고 산다니 신기하네요.

당나귀, 개, 고양이, 수탉은 서로 다른 동물이지만 모두 주인에게 쫓겨난 처지가 되어서 함께 브레멘 음악대를 찾아가기로 했어. 그리고 우연히 발견한 숲속의 집에서 힘을 모아 도둑을 물리치고, 그 집에서 오순도순 함께 살기로 했지.

실제로 동물의 세계에서는 당나귀, 개, 고양이, 수탉이 서로 돕고 함께 살아갈 일은 없을 거야. 하지만 다른 동물들 중에 도우며 살아가는 동물들이 있어.

아프리카에 사는 소등쪼기새는 코뿔소나 아프리카물소처럼 덩치가 큰 동물의 몸에 붙어 있는 진드기나 파리 유충 같은 해충들을 잡아먹어 준단다.

벌꿀길잡이새가 벌꿀을 좋아하는 벌꿀오소리에게 벌집의 위치를 알려 주면, 벌꿀오소리는 벌집의 꿀을 먹고, 벌꿀길잡이새는 벌의 애벌레와 벌집을 먹지.

진딧물은 개미에게 자신의 엉덩이에서 나오는 달달한 분비물을 주

▲ 개미와 진딧물의 모습이야.

▲ 청소놀래기가 물고기의 입속을 청소해 주고 있어.

고, 개미는 진딧물을 무당벌레와 같은 다른 곤충들로부터 보호해 줘.
　청소놀래기는 바다 속 커다란 몸집의 물고기들에 붙어서 비늘이나 아가미, 주둥이의 먹이 찌꺼기나 기생충을 먹어 주지. 그 대신 자신을 노리는 적으로부터 커다란 물고기의 보호를 받는단다.

> 동물들은 먹이를 구하거나 적을 피하는 등의 생존을 위해 더불어 살아가지요. 이런 것을 '공생'이라고 한답니다.

도움을 받기만 하는 동물

서로 다른 종류의 동물들이 함께 지내면서 도움을 주고받는가 하면, 어떤 동물들은 다른 동물에게 도움을 주기만 하거나, 받기만 하는 경우도 있어.
혹등고래의 피부에 붙어사는 따개비는 혹등고래에게 어떤 도움을 주지는 않아. 황로는 초식 동물 옆에 있다가 초식 동물들이 풀을 뜯어 먹으려고 할 때 놀라서 날아오르는 벌레들을 쉽게 잡아먹어.
이렇게 한쪽에게만 도움이 되고 다른 쪽에는 도움도, 피해도 주지 않는 경우를 '편리 공생'이라고 한단다.

▲ 혹등고래의 피부에 붙어 사는 따개비야.

▲ 얼룩말의 등 위에 앉아 있는 황로야.

하늬 박사의 생태 이야기

동물마다 편안한 보금자리가 따로 있다고?

동물들은 다양한 방식으로 자신의 보금자리를 마련하는군요.

당나귀, 개, 고양이, 수탉은 숲속의 집을 모두 마음에 들어 했고, 그곳에서 함께 살게 되었어. 이 동물들은 모두 가축화된 동물이기 때문에 실제로도 사람이 사는 집에서 함께 모여 사는 게 가능할 거야. 특히 마당이 아주 넓은 집이라면 함께 모여 살기가 더 쉽겠지? 그런데 야생의 동물들은 각각 편안한 보금자리가 따로 있단다. 그리고 자신이 편안한 보금자리를 짓기 위해 뛰어난 기술을 펼치기도 해.

토끼, 오소리, 개미 등의 동물은 땅속에 집을 지어.

토끼 중에서도 땅속에 굴을 파고 사는 토끼는 굴토끼야. 야생의 굴토끼는 숲이나 초원에 모여 살면서 1미터도 넘는 굴을 여러 개 파고 사는데, 이 굴들은 서로 연결되어 있지. 도망가기 위한 굴도 따로 있단다. 오소리는 짧지만 튼튼한 다리로 굴을 아주 잘 파. 5미터 깊이까지도 굴을 판다니 정말 굴 파기 선수지? 초원과 숲에 굴을 판 다음 그 안에 부드러운 풀을 깔고 지내지. 개미는 햇볕이 잘 드는 양지바른 곳의 땅속에 굴을 파서 집을 짓는데, 땅속 여러 개의 굴들은 서로 이어져 있어. 개미의 종류에 따라 땅속뿐 아니라 오래된 나무, 돌 아래, 건물의 벽 틈, 나무뿌리 등에 집을 짓기도 해.

다람쥐와 비슷하게 생긴 비버는 집 짓기 선수로 유명해. 비버는 물가에 커

▼ 굴토끼(왼쪽)와 오소리(오른쪽)는 굴 파기 선수야.

▲ 비버가 물가에 지은 집이야.

다란 집을 짓는데, 근처의 나무를 앞니로 갉아 잘라 낸 다음, 돌이나 흙을 섞어서 댐을 만들어. 근데 이 댐은 20미터가 넘기도 하고 심지어는 수백미터가 넘는 것도 있어. 비버는 댐을 지어 물이 흐르는 속도를 줄이고, 댐을 지을 때 생긴 못의 가운데에 나무나 흙으로 섬을 만들어 가족들이 안전하게 쉴 수 있는 보금자리로 삼아. 이 보금자리는 사람이 서서 들어갈 수 있을 만큼 크단다.

모두가 안전하게 새끼를 기르고 적으로부터 가족을 보호하기 위한 보금자리를 마련하는 것이지요.

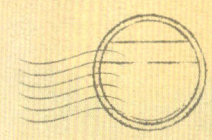

새들의 다양한 보금자리

새들은 보통 나무 위에 둥지를 짓고 살지만, 새의 종류나 생활 방식에 따라서 보금자리가 다양해. 그리고 그 모양도 제각각이란다.
저어새는 바위나 땅 위에 갈대 같은 것으로 엉성한 모양의 둥지를 지어. 딱새는 마른풀로 밥그릇 모양의 둥지를 짓지. 뿔논병아리는 수초를 이용해 물 위에 방석 모양의 둥지를 짓고, 딱따구리는 나무에 구멍을 내어 그 안을 둥지로 삼는단다.

▲ 딱새의 밥그릇 모양 둥지야.

▲ 딱따구리는 나무에 구멍을 내고 살지.

거미와 파리

 거미와 파리가 한집에서 살고 있었는데, 어느 날 맛있는 수프를 끓여 먹기로 했지. 파리는 장작불을 지피고, 거미는 수프를 끓였어. 그런데 거미가 발을 헛디뎌 그만 수프 속에 빠지고 말았지.

"거미야, 거미야!"

파리가 냄비 위를 날아다니면서 슬프게 울자 문이 파리에게 물었어.

"파리야, 왜 그렇게 슬프게 울고 있니?"

"내 친구 거미가 수프에 빠졌어. 흑흑!"

그 말에 문이 삐걱삐걱 소리를 내자 구석에 있던 빗자루가 투덜댔어.

"문아, 왜 그렇게 요란한 소리를 내는 거야?"

"거미가 수프에 빠졌고, 파리가 슬프게 울고 있잖아."

그러자 빗자루가 정신없이 바닥을 돌아다녔어. 집 밖에 있던 수레가 빗자루에게 물었어.

"빗자루야, 왜 그렇게 소란스럽게 돌아다니는 거야?"

"거미가 수프에 빠졌고, 파리가 슬프게 울고, 문은 삐걱삐걱 요란한 소리를 내잖아."

그 말에 수레는 마당을 마구 휘젓고 다녔지. 그러다가 타다 남은 재를 밟을 뻔하자, 재가 수레에게 물었어.

"수레야, 왜 그렇게 휘젓고 다녀? 어디 급하게 갈 데라도 있어?"

"그게 아니라 거미가 수프에 빠졌고, 파리가 슬프게 울고, 문은 삐걱삐걱 요란한 소리를 내고, 빗자루는 소란스럽게 돌아다니잖아."

그러자 재가 새빨갛게 달아올랐어. 옆에 서 있던 나무가 재에게 물었지.

"너 지금 몹시 새빨개졌어. 괜찮니?"

"아니! 거미가 수프에 빠졌고, 파리가 슬프게 울고, 문은 삐걱삐걱 요란한 소리를 내고, 빗자루는 소란스럽게 돌아다니고, 수레는 마당을 휘젓고 다니잖아."

나무가 몸을 덜덜 떨자, 나뭇잎들이 우수수 바닥으로 떨어졌지.

그때 주전자를 들고 마당을 지나가던 소녀가 나무에게 물었어.

"나무야, 왜 그렇게 몸을 떨고 있니?"

"거미가 수프에 빠졌고, 파리가 슬프게 울고, 문은 삐걱삐걱 요란한 소리를 내고, 빗자루는 소란스럽게 돌아다니고, 수레는 마당을 휘젓고 다니고, 재는 새빨갛게 달아올랐잖아."

소녀는 놀라서 주전자를 떨어뜨렸어. 주전자가 와장창 깨지면서 주전자에 들어 있던 물이 땅으로 쏟아졌지.

땅에 떨어진 물방울 하나가 소녀에게 물었어.

"왜 그래? 도대체 무슨 일이야?"

"거미가 수프에 빠졌고, 파리가 슬프게 울고, 문은 삐걱삐걱 요란한 소리를 내고, 빗자루는 소란스럽게 돌아다니고, 수레는 마당을 휘젓고 다니고, 재는 새빨갛게 달아올랐고, 나무는 벌벌 떨어 나뭇잎들이 떨어지고, 주전자는 깨져 버렸어. 정말 끔찍하게 나쁜 일들이 계속 일어났어!"

그러자 물방울이 말했어.

"네가 주전자를 떨어뜨리지만 않았어도 나무가 몸을 떠는 것에서 나쁜 일이 끝났을 텐데……. 이제 더 큰일이 벌어질 거야."

물방울은 금세 물웅덩이를 만들고, 물웅덩이가 샘이 되고, 샘은 개울이 되고, 개울은 큰 강이 되었지. 강물은 소녀와 깨진 주전자, 나무, 재, 수레, 빗자루, 문, 파리, 수프 속 거미까지 모두 휩쓸고 바다로 흘러갔단다.

나쁜 일을 겪었다고 계속 나쁜 것만 생각하면 좋은 일이 생길 기회를 놓칠지도 몰라. 좋은 생각을 많이 하도록 노력해 보자.

거미와 파리가 함께 살 수 있을까?

▲ 파리는 음식 위에도 앉고, 똥을 먹기도 해.

이야기 속의 거미와 파리는 한집에서 살면서 스프를 끓여 먹으려다가, 거미가 수프에 빠지는 바람에 파리가 슬픔에 잠기고 말았어. 이렇게 거미와 파리가 정말 한집에서 사이좋게 살 수 있을까? 거미나 파리나 모두 벌레니까 그럴 수도 있다고 생각할지 몰라. 하지만 실제로는 거미와 파리가 사이좋게 지낼 수 없어. 왜냐하면 파리는 거미가 아주 좋아하는 먹이거든.

파리는 주로 사람이 사는 집 근처에 살면서 죽은 동물의 몸이나 쓰레기, 똥 등의 더러운 곳에도 앉았다가 사람이 먹는 음식에 앉아서는 침도 뱉고 똥도 싸. 그래서 사람에게 나쁜 병을 옮기기도 해서 파리를 흔히 해로운 곤충으로 여기고 있어. 그렇지만 파리는 사람, 동물의 똥, 시체를 분해해서 자연으로 돌려주는 중요한 역할도 하지.

거미는 주로 논이나 밭에서 파리나 모기 같은 곤충을 잡아먹기 때문

파리는 먹이를 어떻게 먹나요?

에 사람에게는 이로운 동물이라고 할 수 있어.

거미의 종류에 따라 조금씩 다르긴 하지만, 거미는 대부분 배 꽁무니에서 끈적끈적한 거미줄을 내어 그물을 치고, 그 그물 사이에 걸린 벌레를 잡아먹어. 나비나 파리, 모기, 메뚜기 같은 먹이가 거미줄에 걸리면 거미는 독이 나오는 엄니로 먹이를 꽉 물고는 독액을 쏘지. 그리고 꼼짝 못하게 된 먹이를 거미줄로 친친 감아서 한쪽에 매달아 놓고서는 독액으로 먹이를 소화하기 좋게 녹이면서 껍질만 남을 때까지 빨아먹는단다.

그러니 이야기에서 거미가 스프를 먹는다는 것도 사실과는 다르지. 그런데 파리가 스프를 먹는 건 가능해. 파리는 사람이 먹는 음식 위에 앉아 발바닥으로 맛을 본단다.

> 파리는 먹이를 먹을 때 먼저 침을 뱉어서 녹인 다음에 핥아먹는답니다.

모성애가 강한 거미

거미줄로 친친 감아 파리나 모기 등의 먹이를 꼼짝 못하게 하는 무서운 거미지만, 거미는 모성애가 아주 강한 동물 중 하나로 꼽힌단다. 거미의 종류마다 조금씩 다르기는 해도 어떤 종류의 거미는 새끼 거미들을 업고 다니면서 돌보기도 하고, 어떤 거미는 막 태어난 새끼에게 자기 몸을 먹이로 주기도 해. 그리고 자신의 알덩어리가 위험에 처하지 않도록 최선을 다해 알덩어리를 보호한단다.

▲ 알덩어리를 돌보는 거미의 모습이야.

하늬 박사의 생태 이야기
거미가 무서워하는 동물은 누구일까?

▲ 새가 거미를 잡아먹고 있어.

거미줄로 다른 곤충들을 친친 감아 독액으로 꼼짝 못하게 만드는 거미도 무서워하는 동물들이 있어. 거미가 무서워하는 가장 대표적인 동물은 새야. 새는 거미를 즐겨먹는 동물이거든. 개구리나 두꺼비, 지네 등도 거미를 잡아먹는 동물이지. 만약 거미가 새나 개구리에게 다리를 물렸을 때 잽싸게 자신의 다리를 끊고 도망간다면 무사하겠지만, 새나 개구리에게 잡히면 거미도 옴짝달싹 못하기 때문에 거미는 이 동물들을 무서워할 수 밖에 없지. 박쥐나 실잠자리도 거미줄에 앉아 있는 거미를 순식간에 낚아채 잡아먹는 동물이야.

사마귀, 대모벌, 기생벌, 말벌도 주로 거미를 사냥해 먹고사는 곤충들이야. 대모벌은 거미를 꼼짝 못하게 침으로 마비시킨 다음, 거미 위에 알을 낳아. 그럼 알에서 태어난 대모벌 새끼들이 그 거미를 먹고 자라지. 노랑점나나니 같은 벌들도 자신들이 지은 진흙 집 안에 마비시킨 거미들을 넣어 두고는 새끼들에게 먹이로 준단다.

거미를 잡아먹으려고 접근하던 곤충도 잘못하면 거미에게 잡아먹히는 신세가 되기도 하지요.

▲ 거미를 잡아먹으려는 대모벌의 모습이야.

오스트레일리아에 사는 침노린재과의 곤충인 암살자 벌레는 놀라운 전략으로 거미를 사냥한다고 해. 이 곤충은 길다란 입의 끝에 침이 달려 있는데, 거미가 있는 거미줄에 최대한 가까이 다가가서 긴

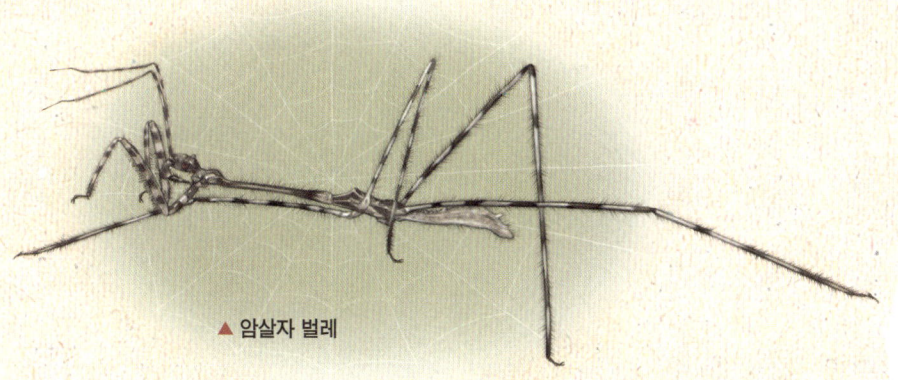

▲ 암살자 벌레

목을 쭉 늘인 다음 입에 달린 침을 거미에 찔러 넣고는 소화액을 분비하여 거미를 빨아먹는 식으로 사냥을 한단다. 이 벌레랑 비슷한 종류의 벌레도 거미줄을 살짝 건드려서 거미줄에 자신의 먹이가 걸려든 줄 알고 나타나는 거미를 사냥하기도 해. 심지어는 거미에게 들키지 않으려고 아주 조심스럽게 거미줄을 끊으며 거미에게 다가가기도 한단다.

서로 먹고 먹히는 동물의 세계는 참 신기하기만 하네요.

소리를 듣는 거미의 능력

최근 미국의 한 대학교 연구 결과에 따르면, 거미는 멀리 떨어진 곳의 소리를 듣는 능력을 가졌다고 해. 깡충거미는 먹이나 적의 움직임을 시각이나 촉각으로 알아챈다고 알려져 왔어. 깡충거미는 거미줄을 치지 않는 대신 파리나 모기 같은 벌레 등을 찾아 돌아다니는 거미야. 깡충거미를 연구하던 한 연구원이 낸 소리에 깡충거미가 반응하는 것을 알아냈고, 일부러 멀리 떨어진 곳에서 소리를 냈을 때에도 거미가 반응을 하는 것을 알 수 있었다고 해. 다른 거미들에게도 실제로 이런 능력이 있다면 정말 놀라운 일이겠지?

▶ 깡충거미는 거미줄을 치지 않고 돌아다니며 먹이를 찾아.

지푸라기와 숯과 콩

한 할머니가 콩으로 요리를 하려고 했어. 할머니는 아궁이에 불을 붙인 다음, 불이 활활 타도록 지푸라기를 한 움큼 집어넣고는 냄비에 콩을 와르르 쏟아부었어. 그때 콩 한 알이 바닥에 놓여 있는 지푸라기 옆에 툭 떨어졌지. 그리고 아궁이에서 벌겋게 달구어진 숯도 툭 튀어나와 콩 옆에 떨어졌어.

"너희는 어디에서 왔니?"

지푸라기가 묻자, 숯이 대답했어.

"난 불 속에서 간신히 나왔어. 힘껏 튀어나오지 않았다면 까만 재가 되고 말았을 거야."

옆에 있던 콩도 말했지.

"나도 냄비에 들어가기 전에 얼른 도망쳤어. 안 그랬다면 다른 친구들처럼 냄비 안에서 죽었을 거야."

지푸라기가 한숨을 쉬며 말했어.

"휴, 나도 불 속에 던져질 뻔했다가 할머니 손가락 사이로 무사히 빠져나왔지. 내 형제들은 이미 불에 타서 연기가 돼 버렸어."

"우리는 이제 어떻게 하지?"

숯의 말에 콩이 대답했어.

"우리는 모두 간신히 살아났어. 우리끼리 어디든 같이 다니며 힘을 합치자. 여기 있다가 또 위험에 처할지 모르니까 멀리 떠나는 게 좋겠어."

콩의 말에 숯과 지푸라기도 고개를 끄덕였어. 그렇게 지푸라기와 숯과 콩은 함께 길을 떠났지.

길을 걷던 지푸라기와 숯과 콩 앞에 냇물이 나타났어.
"다리가 없는데 어떻게 건너지?"
지푸라기와 숯과 콩은 서로 얼굴만 바라보며 우물쭈물했어. 그때 지푸라기가 좋은 방법을 생각해 냈어.
"내가 길게 누울게. 너희는 나를 다리 삼아 냇물을 건너."
지푸라기가 냇물 한쪽 끝에서 다른 쪽 끝으로 몸을 길게 쭉 뻗고 누웠어. 먼저 숯이 지푸라기가 만든 다리 위로 한 걸음 내딛었지. 숯이 냇물을 반쯤 건너는데, 아래에서 콸콸 흐르는 물소리에 덜컥 겁이 나는 거야. 숯은 무서워서 그 자리에 가만히 서 있었어.

그러자 숯에서 지푸라기로 불이 옮겨붙고, 지푸라기의 몸은 둘로 갈라져 물속으로 퐁당 빠지고 말았어. 숯도 따라서 물속으로 떨어져 피시식 소리를 내며 사라졌지.

"하하하! 저 모습 좀 봐."

물가에서 지푸라기와 숯을 보고 있던 콩은 웃음이 터졌어. 어찌나 깔깔거리며 웃었는지 배꼽이 툭 터져 버렸지.

"아야, 내 배!"

마침 지나가던 재봉사가 배꼽이 터진 콩을 보고는 실과 바늘을 꺼내서 콩의 배를 꿰매 주었단다.

"넌 실과 바늘을 가지고 있는 날 만나서 천만다행이다."

"네, 재봉사님 덕분에 살았어요. 정말 고맙습니다."

콩은 재봉사 덕분에 살았지만, 콩의 배에는 실 자국이 남았지. 그때부터 콩들은 모두 배에 실 자국을 가지게 되었단다.

웃다가 배꼽이 터져 콩의 배에 실 자국이 생겼다는 이야기가 참 재미있지?
동식물의 다양한 모습을 보며 이런 상상을 해 보는 것도 좋겠구나.

하니 박사의 생태 이야기
지푸라기는 어디에서 왔을까?

▲ 옛날에는 짚을 꼬아 멍석이나 짚신 등 생활에 필요한 여러 물건들을 만들었어.

이야기 속에서 지푸라기 여럿이 힘을 모아 강을 건너는 다리를 만들었다면 좀 더 튼튼한 짚 다리가 되었겠군요.

　　불 속에 던져질 뻔하다가 할머니 손가락 사이로 빠져나온 지푸라기는 결국 숯으로부터 옮겨붙은 불에 타고 말았어. 지푸라기는 어디에서 온 걸까? 지푸라기는 짚의 낱개를 말해. 짚은 벼, 보리, 밀, 조 등 벼과 식물의 이삭, 즉 곡식의 알갱이를 떨어내고 남은 줄기와 잎이지.

　　벼의 짚은 '볏짚', 보리의 짚은 '보릿짚', 밀의 짚은 '밀짚'이라고 해. 이러한 벼과 식물들이 아주 잘 자라서 줄기와 잎이 많아지면 짚도 많이 나오고, 짚이 많아지면 곡식 알갱이의 양도 많아지지. 그래서 짚의 양은 곡물 생산에 있어 아주 중요해. 뿐만 아니라 곡식 알갱이를 떨어내고 남은 짚이 생활 속에서 아주 많은 역할을 하며 요긴하게 쓰여 왔어. 농사를 지으며 살아 왔던 농경 사회에서는 예부터 곡식을 거두고 나서 남은 짚으로 갖가지 생활용품을 만들어서 썼을 뿐만 아니라 다양하게 활용했거든.

곡식을 널어 말릴 때 쓰던 멍석, 흙이나 거름을 담아 나를 때 쓰던 삼태기 등의 농기구를 만들 때 짚을 엮어 썼을 뿐만 아니라, 집을 지을 때 초가지붕 위에 덮거나 벽을 둘러치는 건축 재료로 짚이 쓰이기도 했어. 짚으로 신을 만들어 신기도 했고, 비 올 때 몸에 걸쳐 두르는 비옷을 만들어 입기도 했지.

이야기 속에서 할머니가 지푸라기들을 불속에 넣은 것처럼, 짚에는 불이 잘 붙기 때문에 실제로 불쏘시개로도 많이 썼어. 짚은 소가 먹는 사료로도 쓰이고, 논에 뿌리는 거름으로 쓰기도 했단다. 짚의 낱개인 지푸라기는 약하지만 지푸라기 여러 줄을 함께 꼬면 아주 튼튼한 밧줄이 되기도 했단다.

> 요즘은 초가집도 잘 짓지 않고 석유 같은 연료가 사용되면서 짚 사용이 예전보다 줄었답니다.

볏짚에 신령이 깃들어 있다는 믿음

쌀이 주식인 우리나라는 수천 년 전부터 벼농사를 지어 온 만큼 볏짚과도 깊은 관련이 있어. 생활 속에서 다양하게 쓰이기도 했고, 예부터 볏짚에 신령이 깃들어 있다고 믿기도 했단다. 그래서 새로 아기가 태어나는 방바닥에 짚을 깔기도 하고, 아기가 태어난 집의 대문에는 새끼줄을 왼쪽으로 꼰 금줄을 걸어서 산모와 아기의 건강을 빌었어.

왼쪽으로 짚을 비벼 꼰 것은 질병이나 잡귀신을 물리쳐 준다고 믿어서 대문이나 새로 장을 담근 장독 등에 둘러 놓기도 했단다.

◀ 금줄(왼쪽)과 장독대에 두른 줄(오른쪽)이야.

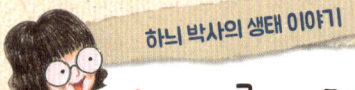

하늬 박사의 생태 이야기

콩에 진짜 배꼽 터진 자국이 있을까?

▲ 콩도 그 종류가 여러 가지야.

이야기 속에서는 콩이 웃다가 배꼽이 터져서 재봉사가 터진 배꼽을 실로 꿰매 주느라, 모든 콩에는 배에 실 자국이 생기게 되었다고 했어. 그럼 진짜로 콩에 배꼽 터진 자국이 있을까?

콩에는 영양분이 아주 많이 들어 있어서 우리 생활 속에서 중요한 식품으로 널리 애용되고 있어. 콩을 잘 살펴보면 진짜로 마치 배꼽처럼 생긴 점 같은 부분이 있는 걸 알 수 있지. 이 부분은 콩 배꼽으로 수분과 가스의 통로야. 그리고 배꼽 주변에 튀어나와 있는 부분은 콩에서 1.5~2%를 차지하지만 아주 중요한 역할을 하는 '배아'야. 여기에는 콩 영양소의 아주 중요한 성분인 '이소플라본'이 들어 있어. 콩의 핵심 영양을 담고 있는 부분이라고 할 수 있지. 그런데 이 배아는 떫고 비린 맛이 나기 때문에, 콩으로 두유나 두부 같은 것을 만들기 위해 콩을 가공할 때에는 이 배아 부분을 분리하고 가공해. 그리고 분리한 콩의 배아는 가축 사료나 퇴비 등으로 사용해 왔단다. 배아가 콩에서 한번 분리되면 다시 싹을 틔우기 어렵다고 생각해 왔거든. 하지만 최근에는 이

콩 배아가 이렇게 중요한 부분이었는지 몰랐네요.

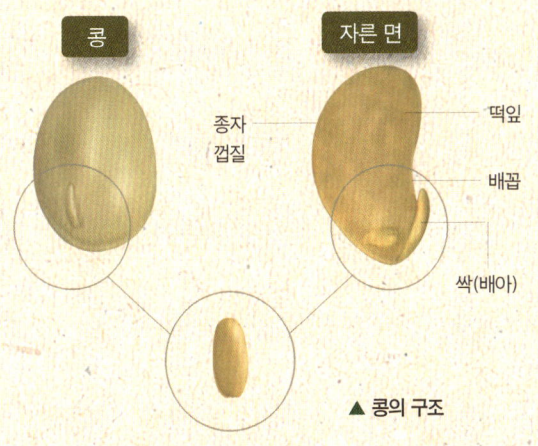

▲ 콩의 구조

배아에 인공적으로 싹을 틔우는 기술이 개발되었어. 흐르는 따뜻한 물에 콩의 배아를 넣어 싹을 틔운 다음에 싹이 튼 배아를 쪄서 건조시키는 방식인데, 이렇게 배아에 싹을 틔우면 그 전보다 '이소플라본' 성분 함량이 더 높아진다는 연구 결과도 나왔단다. 뿐만 아니라 사람 몸에 면역력을 높여 주는 성분으로 알려진 '사포닌'의 성분도 높아진다고 해. 이러한 콩 배아 생산 기술이 개발되면서 콩 배아를 건강에 좋은 각종 식품의 재료뿐 아니라 질병을 치료하는 의약 재료 등으로 활용할 수 있는 가능성이 열리게 되었단다.

> 대량으로 두유 같은 것을 만들 때는 콩 배아를 보통 제거하지만, 콩 배아의 영양이 주목받으면서 콩 배아를 살린 두유 제품이 개발되기도 했답니다.

콩 배아의 핵심 영양분, 이소플라본

콩은 '밭의 소고기'라고 불릴 만큼 단백질이 아주 풍부한 영양 식품이야. 이소플라본은 콩 속에 들어 있는 단백질의 한 종류인데, 콩 배아 부분에 많이 들어 있지. 이소플라본은 여성 호르몬인 '에스트로겐'과 비슷한 기능을 해. 그래서 유방암 등을 억제하거나 뼈세포의 생성을 활발하게 해서 노화로 인한 골다공증 같은 질병을 예방하는 역할을 한다고 해. 뿐만 아니라 암이나 성인병에도 좋다고 알려지면서 이소플라본에 대한 연구가 많이 진행되고 있단다.

▼ 두부, 두유는 콩으로 만든 식품들이야.

인간의 수명

먼 옛날 하느님이 막 세상을 만들었을 때야. 새들은 하늘을 마음껏 날아다니고, 바다에서 물고기들이 유유히 헤엄치고, 땅 위에 사람과 동물, 식물들이 어울려 평화롭게 살았지. 그런데 누구도 자기가 얼마나 살지 알 수 없었어. 하느님이 정해 주시기만을 기다렸지.

어느 날 당나귀가 궁금해서 하느님을 찾아갔어.

"저는 얼마나 오래 사나요?"

"글쎄…… 얼마나 사는 게 좋을까? 30년이 어떠냐?"

하느님의 말에 당나귀는 고개를 저으며 말했어.

"싫어요! 그렇게 오랫동안 무거운 짐을 실어 나르며 살라고요?"

"그래? 그럼 18년을 빼 주마."

당나귀는 만족하며 돌아갔어.

하느님이 당나귀에게 얼마나 살지 정해 주었다는 말을 듣고, 개도 하느님을 찾아갔어.
"저도 얼마나 오래 사는지 알고 싶어요."
"넌 당나귀처럼 무거운 짐을 나르지도 않고 사람들에게 사랑받으며 살고 있으니 30년이 어떠냐?"
그러자 개가 실망한 표정으로 말했어.
"30년이나 살면 이빨은 다 빠지고, 앞도 안 보이고, 귀도 안 들리고, 잘 움직이지도 못해서 구석에 처박혀 낑낑거리고만 있을 텐데요. 그렇게 살기는 싫어요!"
"그럼 12년을 빼 주마."
"좋아요!"
개는 신나서 돌아갔어.

다음에는 원숭이가 하느님을 찾아갔어.

"저도 얼마나 살지 알려 주세요. 어떤 장난을 치고 놀며 살까 생각해야 해요."

재롱둥이 원숭이가 재촉하자 하느님이 말했어.

"그럼 넌 30년 동안 마음껏 장난치고 노는 게 어떠냐?"

그러자 원숭이가 울음을 터뜨리며 말했어.

"무서운 표범을 피해 나무 위를 돌아다니며 30년을 살라고요? 제가 매일 장난치며 웃기는 표정을 짓고 있어도 항상 즐거운 건 아니라고요!"

"그럼 10년을 빼 주마."

원숭이는 다시 환한 얼굴이 되어 돌아갔어.

이번에는 사람이 하느님을 찾아갔어.

"흠, 너에게도 30년을 주면 너무 길다고 하겠지?"

그러자 사람은 깜짝 놀라 소리쳤어.

"30년이면 겨우 스스로 살 나이인데, 그렇게 짧게 살라고요?"
"그럼 당나귀에게 주려던 18년을 더 주마."
"그렇게 짧게 살면 아이들은 누가 키워요?"
"그럼 개에게 주려던 12년을 더 주마."
"그것도 짧아요."
"그럼 원숭이에게 주려던 10년도 더 주마."

그렇게 해서 사람은 당나귀가 보태 준 18년 동안 가족을 위해 무거운 짐을 지고 살아야 했어. 또 개가 보태 준 12년 동안 늙어서 지친 모습으로 살아야 했지. 또 원숭이가 보태 준 10년 동안 정신이 희미해져 젊은 사람들의 조롱거리가 되어 살게 되었단다.

이야기처럼 모든 사람들이 늙어서 힘들게 살거나 웃음거리가 되지는 않아.
어떻게 사는지는 스스로 마음먹기에 달려 있단다.

하느 박사의 생태 이야기
당나귀, 개, 원숭이의 진짜 수명은?

이야기 속에서 하느님이 동물들의 수명을 정해 준 이유가 왠지 그럴싸하지? 이야기대로라면 당나귀는 12년, 개는 18년, 원숭이는 20년, 사람은 70년이 수명이야. 그렇다면 실제로도 당나귀, 개, 원숭이의 수명은 이 정도일까?

당나귀는 말과에 속한 동물이야. 말과 비슷하지만, 덩치는 말보다 조금 작고 긴 귀와 하얀 입, 목에 난 짧은 갈기와 꼬리 끝에만 난 긴 털이 특징이지. 당나귀는 질병에 대한 면역이 강한 편이고 힘이 좋아서, 이야기 속에서 나왔던 것처럼 사람이나 짐을 실어 나르는 데 큰 역할을 해 왔어. 말의 수명이 20~30년 정도라면 당나귀는 40~50년 정도 살아.

야생 동물 중에서 가장 먼저 가축화된 동물인 개는 애완동물로 사람과 아주 가까운 동물이야. 개에 따라 다르겠지만, 개의 수명은 보통 12~16년 정도 된단다. 하지만 집에서 키우는 개는 조금 더 오래 살 수도 있어. 30년 넘게 산 개도 있다는 기록도 있지.

영장류에 속하는 원숭이는 사람이랑 비슷하게 생겨서 왠지 수명도 사람과 비슷할 것 같지만, 사람보다는 수명이 짧아. 원숭이 종류에 따라서도 수명이 각각 다른

> 현대에는 과학과 의학 기술이 발달하면서 인간의 생명을 연장할 수 있는 많은 연구들이 이루어지고 있지 않나요?

▲ 체력이 강한 당나귀는 40~50년 정도 살아.

▲ 집에서 키우는 개는 조금 더 오래 산단다.

> 최근에는 사람의 가장 가까운 반려동물인 개의 수명을 연장하는 연구도 진행되고 있답니다.

데, 마모셋과 원숭이는 10~15년, 다람쥐원숭이나 일본원숭이는 15~25년, 유인원과에 속하는 긴팔원숭이는 30년, 침팬지는 40년 정도를 산다고 해.

사람이든 동물이든 특별한 사고 없이 병들지 않고 자연의 순리대로 살아간다고 해도, 타고난 체질이나 살아온 환경에 따라 수명은 조금씩 달라지겠지?

나무에 사는 원숭이와 땅에 사는 원숭이

종류에 따라 수명이 제각각인 원숭이라 해도 천적을 만난다면 수명은 더 짧아질 거야. 나무에 사는 원숭이와 땅에 사는 원숭이는 각각 천적도 달라. 나무에 사는 원숭이는 커다란 독수리의 먹이가 되기 쉽고, 땅 위에 사는 원숭이는 표범, 사자, 치타, 하이에나 등의 공격에 늘 대비해야 하지. 그래서 여러 마리의 원숭이가 가족을 이루거나 조직을 이루는 등 무리 지어 사는 거란다.

▲ 나무 위 원숭이와 땅 위의 원숭이는 천적이 각각 달라.

하니 박사의 생태 이야기
사람보다 오래 사는 동물은 누구일까?

이야기 속에서 사람은 당나귀, 개, 원숭이의 원래 수명까지 얻으면서 가장 오래 살게 되었어. 앞서 알아본 것과 같이 실제로도 이 중에서 사람의 수명이 가장 길지. 그럼 사람보다 오래 사는 동물이 있을까? 요즘은 100세 시대라고 해서 건강을 유지하며 오래 사는 사람들도 많은데, 100세를 훨씬 넘겨 사는 동물이 있을까?

100세까지는 아니더라도 사람과 거의 비슷한 수명을 가진 동물이 코끼리야. 보통 코끼리의 평균 수명은 60세 정도지만 86세까지 살았던 코끼리도 있었다고 해.

흔히 장수의 대명사로 여기는 바다거북은 실제로 평균 수명이 100~150세 정도란다. 지금은 멸종했지만, 갈라파고스 코끼리 거북의 수명도 180년 정도라고 해. 거북 중 진짜 장수 거북은 알다브라 거북이야. 250년이 넘게 산 알다브라 거북도 있었다는 기록이 있는데, 이 거북은 애완용으로도 사람들에게 사랑받고 있어.

100세를 넘겨 사는 동물이 이렇게 많다니 놀랍군요.

▲ 알다브라 거북은 땅에 사는 거북으로 몸 크기가 커. ▲ 다른 고래들과 달리 수염고래는 고래수염을 가지고 있어.

▲ 백합의 껍데기는 바둑돌이나 물감 등의 재료로 쓰여.

몸이 아주 거대한 수염고래도 수명이 긴 바다 동물이야. 원래는 60~70년 정도 사는 걸로 알려져 있었는데, 과학자들에 의해 200년도 넘게 산 수염고래가 있다는 사실이 밝혀졌단다.

해안가 갯벌을 깊숙이 파고들어 가 사는 조개인 백합도 수명이 200년에 이를 정도로 오래 살아. 북대서양 아이슬란드 인근 바다에서 발견된 대양백합조개는 500세가 넘는다고 하니, 참 놀랍지?

뉴질랜드에 사는 큰도마뱀도 수명이 긴데, 20~30세가 되어야 번식이 가능하고, 30세가 넘어서야 성장이 멈춘다고 해. 그래서 보통 100년 정도 살 수 있고, 200년까지 산 큰도마뱀도 있단다.

그린란드 상어, 범고래, 랍스터도 오래 사는 동물에 속한답니다.

나이를 알 수 없는 해삼

긴 원통 모양의 몸에 혹처럼 오톨도톨한 돌기가 있는 바다 동물인 해삼은 얼마나 오래 사는지 그 수명을 알기가 어렵단다. 해삼은 몸이 자유자재로 줄어들었다 늘어났다 하는 데다가, 외부의 어떤 자극을 받으면 항문 밖으로 장을 내보내는데, 해삼은 재생력이 강하기 때문에 장이 다시 생겨나. 몸의 일부를 잘라서 물속에 넣으면 100퍼센트 재생하는 생명력이 있다고 하니, 누가 잡아먹지만 않는다면 영원히 살 수도 있는 동물이 아닐까?

▲ 해삼은 혹이 나 있어 마치 오이처럼 생겼어.

개구리 왕자

옛날 어느 나라에 아름다운 공주가 살았어. 공주는 맑은 물이 졸졸 흐르고 새들이 지저귀는 성 근처의 냇가에서 황금 공을 가지고 놀곤 했지. 황금 공은 공주가 가장 아끼는 것이었어.

어느 날 공주가 냇가에서 황금 공을 가지고 놀다가 떨어뜨렸어. 황금 공은 또르르 굴러 어딘가로 사라져 버렸지.

"내 황금 공이 어디로 갔지? 흑흑!"

공주가 슬퍼하고 있을 때 누군가 공주에게 물었어.

"공주님, 왜 그리 슬프게 울고 계세요?"

공주가 주위를 둘러보았지만 아무도 보이지 않았어. 다만 냇물 위로 머리를 내밀고 있는 개구리만 보였지.

공주는 개구리에게 물었어.

"방금 네가 나에게 물어본 거니?"
"네, 맞아요. 왜 그렇게 울고 계세요?"
"내가 가장 아끼는 황금 공을 잃어버렸어."
"슬퍼하지 마세요. 제가 황금 공을 찾아 드릴게요."
"그게 정말이야?"
"그럼요. 그런데 황금 공을 찾아 드리면 제게 무엇을 주실 건가요?"
"황금 공만 찾아 준다면, 네가 원하는 건 뭐든지 줄게!"
"그럼 저와 친구가 되어 주세요. 밥을 먹을 때에도, 잠을 잘 때에도 공주님 옆에 있게 해 주세요. 약속하시면 황금 공을 찾아 드릴게요."
"좋아! 황금 공만 찾아 준다면 네가 원하는 대로 해 줄게."

개구리는 냇물 속으로 첨벙 뛰어들었어. 그리고 얼마 후 황금 공을 물고 와 공주의 발 앞에 던져 주었지.

"와! 황금 공을 찾았다!"

공주는 기뻐하며 황금 공을 가지고 성으로 달려갔어.

"공주님, 기다려요! 저와 함께 가야지요!"

개구리가 소리쳤지만 공주는 못 들은 척하고 가 버렸지.

공주가 성으로 돌아와 왕과 함께 식사를 하고 있을 때였어. 폴짝폴짝 누군가 성 밖 계단을 뛰어오르는 소리가 들렸지. 그리고 성문을 두드리며 외치는 소리가 들렸어.

"공주님, 문 좀 열어 주세요!"

공주가 문을 열어 보니 문 앞에 개구리가 서 있었어. 공주는 문을 쾅 닫아 버렸지. 왕이 공주에게 물었어.

"누가 찾아왔는데 그러느냐?"

"개……개구리예요."

"개구리가 무슨 일로 널 찾아왔지?"

공주는 냇가에서 있었던 일을 왕에게 털어놓았어.

그때, 다시 성문을 두드리며 외치는 소리가 들렸어.

"공주님! 문 좀 열어 주세요. 약속을 지키셔야지요."

그러자 왕이 공주에게 말했어.

"약속을 했으면 지켜야지. 어서 문을 열어 주어라."

공주가 마지 못해 문을 열어 주자 개구리는 안으로 폴짝 뛰어 들어왔어. 그리고 식탁 아래에서 개구리가 다시 말했지.

"저를 공주님 옆자리에 앉혀 주세요."

공주는 할 수 없이 개구리를 옆자리에 앉혔지.

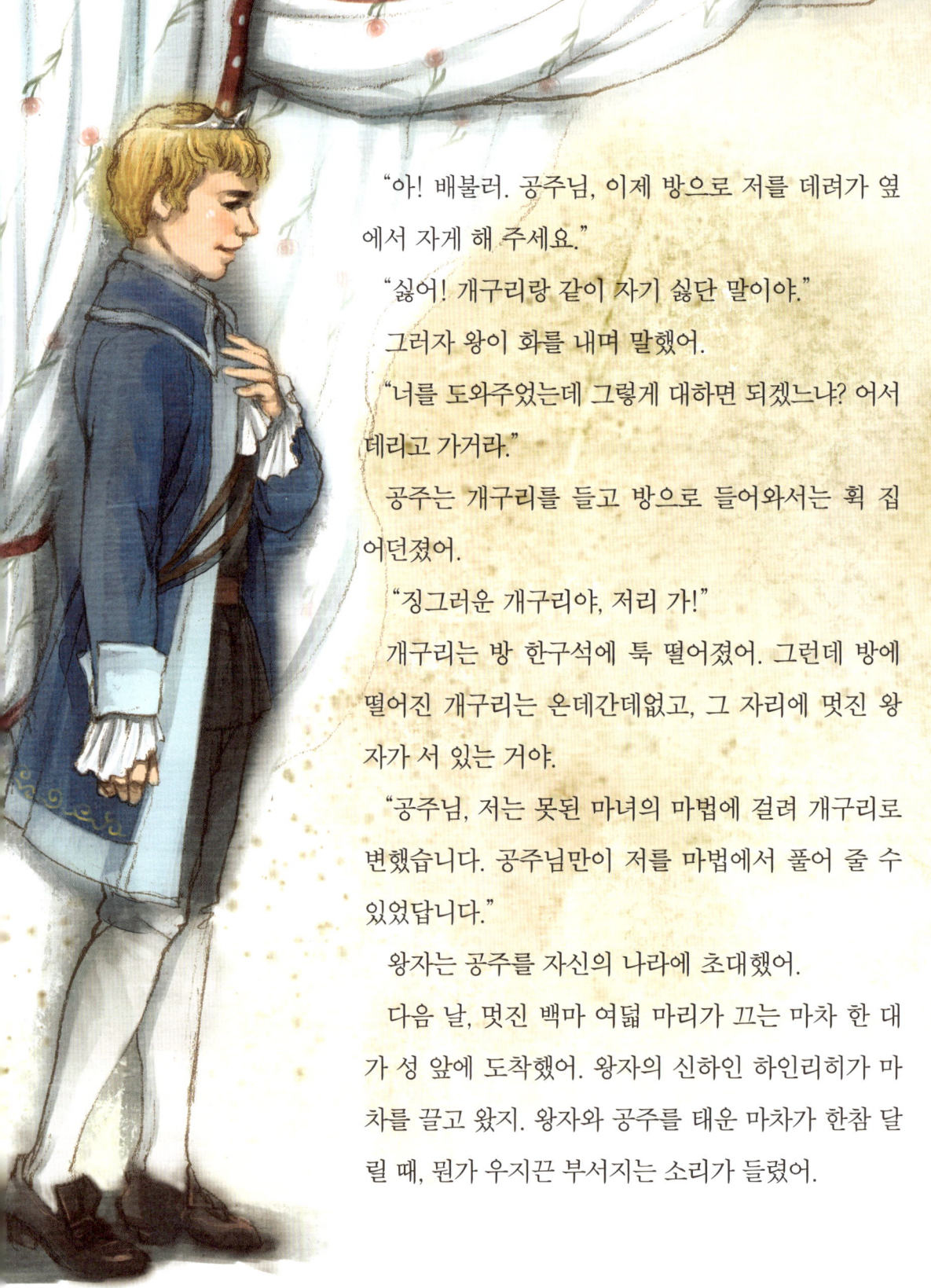

"아! 배불러. 공주님, 이제 방으로 저를 데려가 옆에서 자게 해 주세요."

"싫어! 개구리랑 같이 자기 싫단 말이야."

그러자 왕이 화를 내며 말했어.

"너를 도와주었는데 그렇게 대하면 되겠느냐? 어서 데리고 가거라."

공주는 개구리를 들고 방으로 들어와서는 휙 집어던졌어.

"징그러운 개구리야, 저리 가!"

개구리는 방 한구석에 툭 떨어졌어. 그런데 방에 떨어진 개구리는 온데간데없고, 그 자리에 멋진 왕자가 서 있는 거야.

"공주님, 저는 못된 마녀의 마법에 걸려 개구리로 변했습니다. 공주님만이 저를 마법에서 풀어 줄 수 있었답니다."

왕자는 공주를 자신의 나라에 초대했어.

다음 날, 멋진 백마 여덟 마리가 끄는 마차 한 대가 성 앞에 도착했어. 왕자의 신하인 하인리히가 마차를 끌고 왔지. 왕자와 공주를 태운 마차가 한참 달릴 때, 뭔가 우지끈 부서지는 소리가 들렸어.

"하인리히, 마차가 부서진 것 아니냐?"

"아닙니다. 제 가슴을 묶었던 쇠 띠가 끊어진 소리입니다."

왕자의 충성스런 신하인 하인리히는 왕자가 개구리로 변한 것을 보고, 너무 슬퍼서 가슴이 터질 것만 같았어. 그래서 쇠로 만든 띠 세 개를 가슴에 꽁꽁 묶었던 거야. 그런데 이제는 왕자가 마법에서 풀린 것을 보니 기뻐서 가슴이 터질 것만 같았지. 너무 행복해서 가슴의 쇠 띠가 끊어진 거였단다. 그렇게 하인리히의 가슴에 묶었던 쇠 띠는 모두 끊어졌어.

왕자의 나라로 간 세 사람은 행복한 나날들을 보냈단다.

우리는 살아가면서 많은 약속을 해. 자신과의 약속이든, 다른 사람과의 약속이든 약속은 모두 소중하단다.

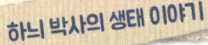

왕자가 개구리로 변하면 금개구리가 될까?

▲ 금개구리는 겨울잠을 잘 때쯤 되면 몸이 진한 갈색으로 변해.

개구리는 어떤 나라에 분포하여 살고 있나요?

　멋진 왕자가 마녀의 마법에 걸려 개구리가 되었다니! 게다가 징그럽다는 이유로 공주에게 무시까지 당했으니, 왕자는 무척이나 억울했을 거야. 그런데 청개구리, 참개구리, 무당개구리 등 그 많은 종류의 개구리 중 왕자는 어떤 개구리로 변했을까? 이름으로만 본다면 왕자처럼 귀할 것 같은 금개구리로 변하지 않았을까?

　금개구리는 이름처럼 밝은 녹색의 등에 금줄이 있는 개구리야. 다른 이름으로는 '금줄개구리'라고도 해. 등만 화려한 게 아니라, 검은 눈동자에 홍채도 황금색을 띠고 있지. 금개구리의 몸 크기는 4센티미터 정도로 작고 귀여워. 또 울음주머니를 가지고 있지 않아서 크게 울지 않

아. 그런데 그림 형제 아저씨의 이야기에 금개구리가 등장할 가능성은 적어. 왜냐하면 금개구리는 한국의 고유종 개구리이기 때문이야.

금개구리는 행동이 재빠르지 않고, 시야가 좁기 때문에 가까이 있는 먹잇감도 금방 알아채지 못하고, 적이 다가와도 잽싸게 도망가지 못해서 우리나라의 충청도에서는 '멍텅구리'라는 별명으로 불리기도 한단다. 그래도 금개구리는 그 이름만큼이나 아주 귀한 동물이야. 예전에는 연못과 습지, 논가에서 쉽게 볼 수 있는 개구리였지만, 개구리의 서식지가 사람에 의해 많이 개발되고 다량의 농약이 뿌려지면서 환경 오염으로 그 수가 많이 줄어들었거든. 게다가 외래종인 황소개구리에게 마구 잡아먹히면서, 이제는 멸종 위기 야생 생물 II급으로 지정되어 보호받고 있는 귀한 동물이란다.

> 개구리는 거의 전 세계에 분포해요. 그중 무당개구리, 청개구리, 북방산개구리 등이 넓게 분포해 있는 편이지요.

신성한 왕을 상징하던 개구리

우리나라의 고대 역사에서는 개구리를 왕을 상징하는 신성한 존재로 여기던 신화와 전설의 흔적들이 있어. 《삼국유사》의 기록에 의하면 옛날 부여의 왕인 해부루가 늙어서까지 자식이 없어 기도하며 정성을 들이던 중에 연못가의 큰 돌 아래에서 금빛으로 빛나는 개구리 모양의 아이를 발견했다고 해. 그리고 그 아이를 데려다 키웠는데 그 아이가 자라 금와왕이 되었다는 신화가 전해져 내려온단다.

▲ 한국이나 일본 등에 널리 사는 옴개구리야. 몸이 오톨도톨한 돌기로 덮여 있지.

하늬 박사의 생태 이야기
사막에 사는 개구리가 있다고?

◀ 사막비개구리는 사막에 사는 개구리야.

사막에 사는 개구리라면 보기가 정말 힘들겠군요.

처음 연못에서 나온 개구리 왕자는 공주의 황금 공을 찾아 주는 대신, 밥을 먹을 때에도 잠을 잘 때에도 늘 공주 곁에 있게 해 달라고 부탁했어. 그런데 사실 개구리는 연못이나 논처럼 축축한 땅에 사는 양서동물이야. 물과 땅을 오가며 살기 때문에 허파로도 숨을 쉬고, 피부로도 숨을 쉬지. 그래서 실제로는 개구리 왕자가 공주의 방에서만 지내는 건 불가능할 거야. 그런데 우리가 흔히 생각하는 개구리와 달리, 햇볕이 쨍쨍 내리쬐는 사막에서 사는 개구리가 있다는 거 알고 있니? 바로 '사막비개구리'가 그 주인공이야. 사막비개구리는 아프리카 남부 지역에 분포하는데, 보통 아열대성 기후나 건조한 모래 지역에서 살아가. 대신 이 모래 지역은 바다와 가까이 있어서 수분이 많고 습한 편이지. 사막비개구리는 생긴 모습도 개성이 넘친단다. 몸 크기는 10센티미터도 안 될 만큼 작은 데다가, 다리는 짧고 몸은 통통하며 동글동글해. 몸은 작지만 툭 튀어나온 두 눈은 커다랗단다. 사막비개구리는 낮에는 안개 때문에 축축해진 모래를 10~20센티미터 깊이로 파고 그 안에 있다가 어두운 밤이 되면 모습을 드러내는데, 나방, 딱정벌레, 애벌레 등의 먹이를 찾아 모래를 돌아다니지. 물에 알을 낳는 다른 개구리와 달리 사막비개구리는 모래 구멍 속에 알을 낳아. 그리고 알에서 올챙이가 되는 게 아니라 바로 개구리로 태어난단다. 또 다른 개구리처럼 '개굴개굴' 우는 게 아니라 맑고 귀여운 울음소리를 내. 짧은 다리와 통통한 몸 때문에 다른 개구리들처럼 재빠르게 폴짝폴짝 뛰지는 못하지. 대신 적을 만나거나 위험에 처하면 통통한 몸을 빵빵하게 부풀린 채로 귀여운 울음소리를 내며 적에게 경고한단다.

> 최근 사막비개구리 서식지가 다이아몬드 광산 개발 때문에 많이 파괴되어서 개체 수도 급격히 줄고 멸종 위기에 처해 있답니다.

물을 마시지 않고 사는 동물

사막에 사는 개구리도 신기하지만, 살면서 물을 한 번도 마시지 않는 동물이 있다면 그것도 놀랍지? 캥거루쥐와 긴귀날쥐가 바로 그런 동물이야.

캥거루쥐와 긴귀날쥐는 건조한 초원이나 모래가 있는 사막 지대에서 살아. 캥거루쥐는 캥거루처럼 꼬리와 다리가 긴데, 암석 밑에 굴을 파고는 주로 밤에 활동해. 물을 마시지 않는 대신 식물의 새싹이나 잎 등을 먹으면서 수분을 섭취하지. 긴귀날쥐는 이름처럼 귀가 크고 입이 뾰족해. 그리고 가늘고 긴 발과 긴 꼬리를 가지고 있지. 긴귀날쥐도 주로 밤에 활동하면서 곤충을 잡아먹고 산단다.

▲ 모래 위의 캥거루쥐(왼쪽)와 긴귀날쥐(오른쪽)의 모습이야.

빨간 모자

한 마을에 작고 귀여운 여자아이가 살았어. 아이는 언제나 빨간 모자를 쓰고 다녀서 사람들은 아이를 '빨간 모자'라고 불렀지.

어느 날 빨간 모자에게 엄마가 심부름을 시키며 말했어.

"빨간 모자야, 할머니께서 편찮으시니, 이 빵과 포도주를 전해 드리렴. 한눈팔지 말고 곧장 할머니 댁으로 가야 한다."

빨간 모자가 집을 나서서 숲길에 들어서니 늑대가 인사를 했지.

"안녕, 빨간 모자야. 어디 가니?"

"엄마 심부름으로 할머니 댁에 가요. 할머니께서 편찮으시거든요."

늑대는 꿀꺽 군침을 삼키며 속으로 생각했어.

'이 아이만 잡아먹으려 했는데, 할머니까지 잡아먹을 수 있겠군.'

늑대는 빨간 모자에게 말했어.

"빨간 모자야, 저쪽으로 가면 예쁜 꽃들이 많이 피었단다. 할머니께 예쁜 꽃을 드리면 좋아하실 거야."

빨간 모자는 한눈팔지 말라는 엄마의 말도 잊고, 신나게 꽃을 꺾었어. 그 사이 늑대는 할머니 집으로 달려갔지.

늑대는 빨간 모자 흉내를 내며 말했어.

"할머니, 빨간 모자예요. 문 좀 열어 주세요."

"아이고, 빨간 모자가 왔구나. 어서 들어오렴."

늑대는 문이 열리자마자 할머니를 한입에 꿀꺽 삼켜 버렸어. 그리고 나서 할머니 모자를 쓰고 이불을 푹 뒤집어 쓴 채 침대에 누웠어.

얼마 후 빨간 모자가 예쁜 꽃과 바구니를 들고 나타났어.

"할머니, 안녕하세요? 빨간 모자가 왔어요."

그런데 할머니는 아무런 대답이 없는 거야.

빨간 모자가 침대 가까이 가니 모자 밖으로 커다란 귀가 보였어.

"할머니 귀가 왜 이렇게 커요?"

"네 말을 더 잘 들으려고 그런 거란다."

"할머니 눈은 왜 이렇게 커요?"

"너를 더 잘 보려고 그런 거야."

"할머니 손은 왜 이렇게 커요?"

"너를 꼭 붙잡으려고 그런 거지."

"할머니 입은 왜 이렇게 커요?"

"그건 널 잡아먹으려고 그런 거지!"

늑대는 침대에서 벌떡 일어나 빨간 모자를 꿀꺽 삼켜 버렸어.

할머니와 빨간 모자를 잡아먹은 늑대는 배가 볼록했어. 늑대는 침대에 벌렁 드러누워 드르렁드르렁 코를 골며 잠들었지.

마침 할머니 집 앞을 지나가던 사냥꾼이 코 고는 소리를 들었어.

'할머니가 저렇게 큰 소리로 코를 골다니, 이상한데?'

집 안으로 들어가 보니 침대에 늑대가 잠들어 있었어.

그런데 늑대의 배가 불룩한 거야.
'늑대가 할머니를 잡아먹었나 보군.'
사냥꾼은 가위로 조심조심 늑대의 배를 갈랐어. 그러자 그 안에서 할머니와 빨간 모자가 나왔지.
"와! 살았다. 아저씨, 고맙습니다."
할머니는 빨간 모자가 가져온 빵과 포도주를 먹고 금세 기운을 차렸단다.

우리 주변에는 좋은 사람도 많지만 나쁜 사람도 있어. 친절하게 다가와서 달콤하고 듣기 좋은 말만 하는 사람들을 잘 살펴야 해.

하니 박사의 생태 이야기
동물들의 자는 모습이 다 다르다고?

▲ 말은 누워 자기도 하고, 서서 자기도 해.

빨간 모자의 할머니도 모자라 빨간 모자까지 잡아먹은 늑대는 침대에 누워 코까지 골며 깊은 잠에 빠졌다가, 코 고는 소리 때문에 사냥꾼에게 덜미가 잡히고 말았지. 실제로 동물도 사람처럼 깊은 잠에 빠지거나 피곤하면 드르렁대며 코를 골까?

사람은 보통 하늘을 보고 반듯이 누워서 자지만, 동물들은 엎드리거나 옆으로 누운 채로 자기 때문에 아마도 동물이 코 고는 소리를 쉽게 들을 수는 없을 거야. 사람도 자는 모습은 제각각이지만, 대부분 누워서 자는 것은 비슷해. 그런데 동물 중에 누워 자지 않고 조금 특이한 자세로 자는 동물이 있단다.

들판을 달리고 풀을 뜯는 데 하루 대부분의 시간을 보내는 야생말은 누워 자기도 하지만, 서서 자기도 해. 무릎이나 발목의 관절을 다리의 인대가 고정해 주기 때문에 서서 자는 게 가능하지.

추운 얼음 나라, 남극에 사는 황제펭귄도 서서 잠을 자는 동물이야. 황제펭귄은 알을 한 개만 낳기 때문에 알을 보호하고 적의 위험을 피하기 위해서 서서 자는 거야. 황제펭귄은 선 채로 얼굴을 겨드랑이 안쪽으로 쏙 집어넣고 잠을 잔단다.

바다 속에 사는 돌고래는 물 위에서 숨을 쉬기 때문에 자는 건지 안

동물들은 잠을 자면서도 다른 위험으로부터의 경계를 늦추지 않는군요.

▲ 손을 꼭 잡고 자는 해달의 모습이야.　▲ 서서 자고 있는 황제펭귄이야.　▲ 돌고래가 자고 있는 모습이야.

자는 건지 잘 모르게 자면서도 물 위로 올라가고는 해. 그리고 잘 때에는 한쪽 눈만 감고 잔단다.

물에서 생활하는 해달은 잘 때에도 물 위에 누워 둥둥 떠다니는 모습으로 잠을 자. 그런데 재미있는 건, 근처에 또 다른 해달이 있으면 손을 꼭 잡고 잔다는 거야. 그 이유는 자는 동안 센 물결에 쉽게 떠내려가지 않기 위해서란다.

> 바위 동굴이나 나무 구멍에서 겨울잠을 자는 반달가슴곰은 잠을 자면서 새끼를 낳기도 한답니다.

코 고는 개

요즘 집에서 사람과 함께 지내는 반려동물인 개가 잠을 잘 때 코 고는 소리를 들은 적이 있니? 사람처럼은 아니지만, 동물도 코를 골 때가 있기는 해. 그런데 만약 개가 계속 코를 곤다면 잘 지켜볼 필요가 있어. 계속 코를 곤다는 건 호흡 기관에 뭔가 문제가 생긴 것일 수도 있거든. 더구나 개는 숨을 쉬면서 몸의 열을 밖으로 내보내기 때문에, 잠을 자다가 호흡에 문제가 생기면 몸의 열을 내보내지 못해 열사병에 걸릴 수도 있단다.

▲ 잠자는 개의 모습이야.

하니 박사의 생태 이야기

화려함 뒤에 독을 숨긴 꽃이 있다고?

▲ 철쭉은 연분홍 꽃잎에 잎이 계란같이 오목해.

▲ 투구꽃은 미나리아재비과의 여러해살이풀이야.

▲ 란타나는 여름에 예쁜 꽃을 피우지.

▲ 협죽도의 잎은 뾰족한 모양으로, 단단하고 질겨.

화려한 독버섯이 독을 가지고 있다는 이야기는 들어본 적이 있는데, 실제로 이렇게 독을 품은 풀들도 많군요.

　빨간 모자는 늑대의 꼬임에 넘어가 알록달록 예쁜 꽃들에 반해, 꽃을 꺾느라 할머니의 집에 늦게 갔어. 실제로 우리는 계절에 따라 핀 예쁜 꽃들의 아름다움에 기분이 좋아지기도 하고, 또 많은 곤충들이 화려한 모습과 향기, 달콤한 꿀을 품은 꽃의 유혹에 끌려 꽃으로 모여들지.

　그런데 화려한 모습 뒤에 치명적인 독을 품고 있는 꽃들도 있다는 사실을 알고 있니?

　우리가 흔히 볼 수 있는 꽃 중의 하나인 철쭉은 진달래랑 아주 비슷하게 생겼어. 예부터 화전을 부쳐 먹던 진달래와 달리 철쭉은 독이 들어있기 때문에 먹을 수 없지.

　깊은 산골짜기에서 자라는 투구꽃은 자주색이나 흰색으로 피는데, 그 이름처럼 투구나 고깔처럼 생긴 꽃이야. 그런데 강한 독을 품고 있어서 '독의 여왕'이나 '악마의 뿌리' 등의 별명을 가지고 있지. 투구꽃의 강한 독성은 예전에 독화살이나 사약 등을 만드는 데 사용되었어.

열대 지역이 원산지인 란타나는 흰색, 분홍색, 노란색, 붉은색 등의 아름다운 꽃을 피우기 때문에 정원에 심어 가꾸는 식물로 사람들에게 인기가 많아. 하지만 란타나는 식물 전체에 독성을 품고 있어서 피부에 닿으면 염증을 일으킬 수 있고 열매를 먹게 되면 구토나 설사를 할 수도 있단다.

여름부터 가을까지 빨간색, 흰색, 노란색의 아름다운 꽃을 피우는 협죽도는 잎부터 가지, 뿌리까지 무서운 독을 가지고 있어. 복숭아꽃이랑 비슷하다고 해서 '유도화'라고도 부르지. 협죽도의 줄기에서 나오는 액이 상처 난 피부에라도 닿는다면 생명을 잃을 수도 있을 만큼 강한 독성을 지니고 있단다.

꼭 화려하다고 해서 독버섯은 아니랍니다. 산에서 나는 것들은 버섯이든 풀이든 함부로 먹어서는 안 된다는 것을 기억해야 해요.

독이 있는 나무와 풀

꽃뿐만 아니라 위험한 독을 품고 있는 나무와 풀들도 있어.
'옻이 오른다'라는 말을 들어 봤니? 옻은 옻나무에서 나오는 액인데 이 액이 피부에 묻으면 염증이 생기거나 구토 증세를 일으키기도 해. 풀 중에 미치광이풀을 먹으면 호흡에 곤란을 일으키고 심지어 눈이 멀거나 미친 사람처럼 불안과 흥분 상태가 지속되기도 해. 쐐기풀의 털에도 독이 있어 사람 피부에 닿으면 염증이 생기고, 먹으면 구토나 설사를 할 수 있단다.

▲ 쐐기풀은 잎과 줄기에 가시가 있어.

형제와 순무

　어느 마을에 욕심 많은 형과 착하고 부지런한 동생이 살았어. 욕심 많은 형은 부자였지만, 동생은 가난했지. 그래도 동생은 실망하지 않고 항상 부지런히 일하며 농사를 지었어.

　어느 날 동생이 밭에 순무 씨를 뿌렸는데, 순무 뿌리 하나가 빠르게 자라더니 다 자랐을 때에는 어른 몸집보다 훨씬 더 크게 자라 있었지.

　동생은 혼자 힘으로 순무를 뽑을 수가 없어서 마을 사람들의 도움을 받아 겨우겨우 순무를 뽑았어.

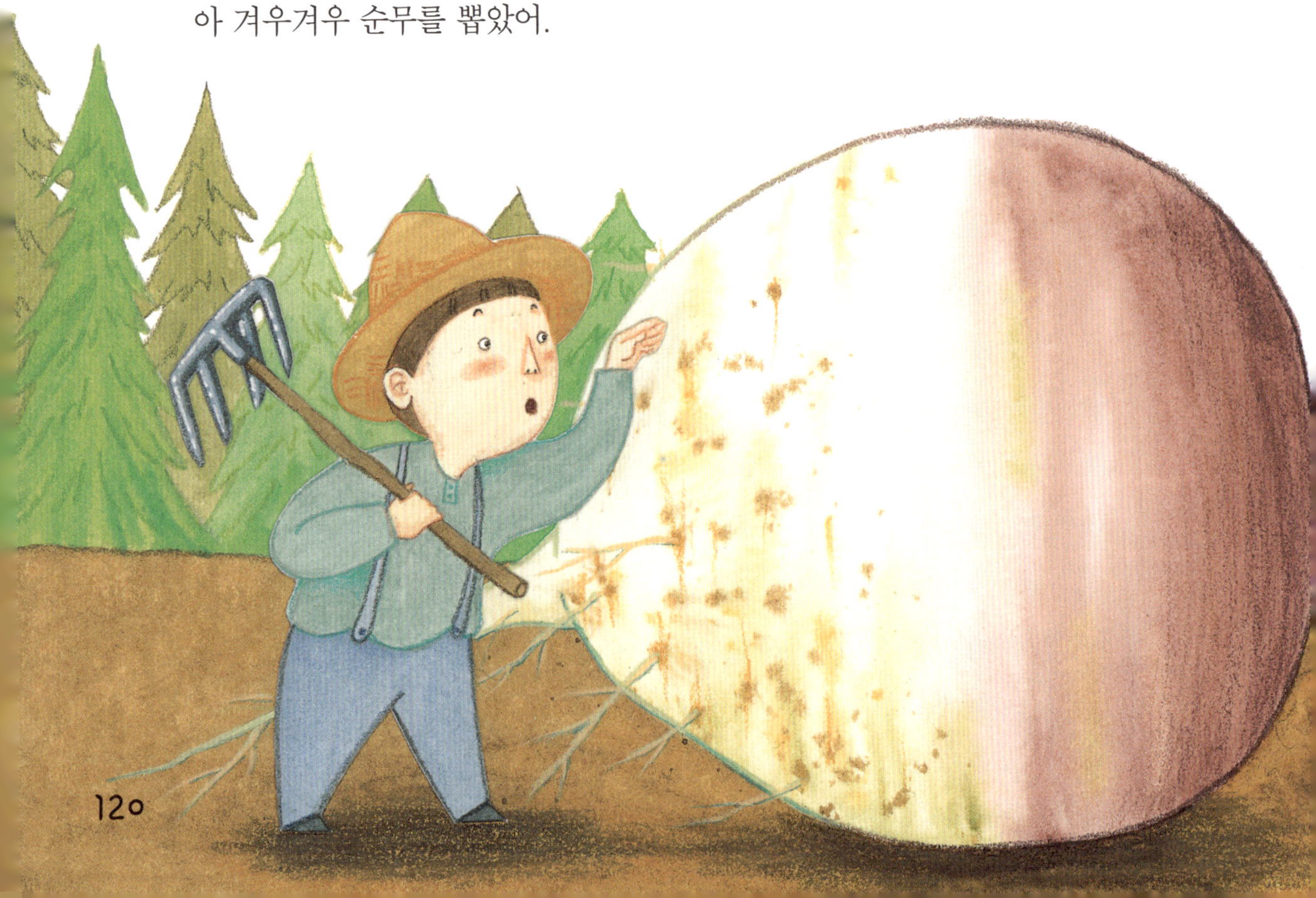

"후유, 이렇게 커다란 순무를 어디에 쓰지? 살 사람도 없을 텐데……."
고민하던 동생은 좋은 생각이 난 듯 금세 얼굴이 환해졌어.
"임금님은 신기한 물건을 좋아한다고 하셨으니 임금님께 선물해야지."
동생은 커다란 순무를 수레에 싣고 임금님이 사는 궁전으로 향했어. 순무를 본 임금님이 깜짝 놀라며 말했지.
"세상에 이렇게 큰 순무가 있다니, 정말 신기하구나. 이런 귀한 선물을 내게 주다니, 나도 큰 선물을 주어야겠군."
임금님은 동생에게 좋은 집과 넓은 밭, 가축들을 선물로 주었어. 동생은 이제 형보다 더 큰 부자가 되었지.
이 소식을 들은 형은 잔뜩 샘이 났어.
'그놈이 나보다 더 큰 부자가 되었다고? 겨우 순무 따위를 임금님께 바쳐 부자가 되었다면 난 훨씬 더 진귀한 것들을 임금님께 바쳐야겠다. 그럼 내게는 더 큰 선물을 주시겠지?'

형은 휘황찬란한 보석과 아름다운 비단, 값비싼 물건들을 닥치는 대로 싣고는 임금님을 찾아갔어. 임금님은 선물을 보자 기뻐하며 말했지.

"이렇게 귀한 선물을 받고 나도 가만히 있을 수 없지. 어떤 선물이 좋을까? 옳지, 저번에 농부에게 받은 커다란 순무를 주어야겠군."

형은 임금님에게 순무를 선물받고 약이 올라 쓰러질 지경이었지. 결국 형은 악당들을 시켜 동생을 죽이라고 했어.

악당들이 동생을 잡아다 자루에 넣어 나무에 매다는데, 말발굽 소리가 들려왔어. 악당들은 동생을 그대로 둔 채 달아났지.

동생은 거꾸로 매달린 채 자루 안에서 힘겹게 숨을 내뱉었어. 자루의 작은 구멍 사이로 밖을 내다보니 말을 타고 책을 보며 길을 지나는 한 젊은이가 보였지.

동생은 자루 안에서 젊은이를 향해 말했어.

"이보시오, 당신은 온 세상을 다니며 지식을 얻으려는 것 같군요."
"네, 그렇습니다. 그런데 그 안에서 무엇을 하시나요?"
"이 자루 안에 있으면 쉽고 빠르게 지식을 얻을 수 있지요."
"그럼 저도 그 자루 안에 들어가 봐도 될까요?"
"물론이오. 우선 자루를 내려 주시오."

동생은 자루 밖으로 나온 다음 젊은이를 자루 안에 들어가게 했지.

"어떤가요? 지식이 머릿속에 쏙쏙 들어오나요?"

동생은 한참 후 젊은이를 자루에서 꺼내 주며 말했어.

"지식을 쌓는 것도 부지런히 배우고 익혀야 하지요. 무슨 일이든지 쉽고 빠르게 얻으려고 욕심을 부리면 안 된다오."

지나친 욕심을 부리다가는 오히려 낭패를 겪을 수 있어. 꾸준히 노력해서 얻는 것이야말로 진정 값지단다.

하니 박사의 생태 이야기
순무는 무가 아니라 배추라고?

사람 몸집보다 더 큰 순무라니, 밭에서 자라는 농작물이 사람만큼 크다면 임금님에게 바칠 만큼 신기한 물건이기도 할 거야. 실제로 사람보다 더 큰 농작물은 거의 없겠지만 말이야. 그런데 순무는 어떤 농작물일까? 우리가 흔히 알고 있는 무와는 다른 것일까?

사실 종류로 따진다면 순무는 무보다는 배추에 가까워. 무는 십자화과 무속에 속하고, 배추는 십자화과 배추속에 속하는 채소야. 그런데 순무는 십자화과 배추속에 속하거든. 양배추, 청경채, 겨자, 유채, 순무, 콜라비 등은 모두 배추속에 속하는 채소이고, 무, 알타리 같은 것이 무속에 속하는 채소야.

순무는 빨리 자라는 작물이군요. 실제로 얼마나 빨리 자라나요?

순무는 재배 방법이 무와 비슷한데, 짧은 재배 기간에 많은 양을 생산할 수 있어. 무보다는 수분이 적지만 단맛이 나고, 순무 잎에는 비타민이나 무기질 등의 영양분이 많아서 식품 가치가 높고 많은 사람들이 즐겨 먹어.

순무는 아주 오래전부터 유럽에서 재배되던 것이 다른 나라로 전파된 작물이라고 해. 우리나라에도 고려 시대 때 순무의 씨가 약재로 쓰였다는 기록이 있을 뿐 아니라, 조선 시대의 각종 문헌에도 식재료나 약재로 쓰였다는 기록이 있단다. 우리나라에서는 주로 자주색 순무가

▲ 순무의 통통한 뿌리는 흰색, 자주색, 붉은색을 띠어.

▲ 순무 뿌리는 반찬으로 많이 만들어 먹는데, 주로 김치로 많이 담가 먹어.

재배되고, 전국에서 재배되던 것이 점차 줄어서 지금은 강화나 김포 등의 일부 지역에서 재배되고 있어. 어린 순무 뿌리는 그대로 날것으로 먹거나 어린 잎을 요리해서 먹기도 하는데, 우리나라에서는 김치로 많이 담가 먹지.

순무는 재배가 쉽고, 그냥 먹기에도 좋으며 영양도 풍부하기 때문에 동서양의 군대 식량으로 널리 쓰이기도 했단다.

> 순무는 서늘한 계절에 자라는데, 저위도 지역에서는 초봄에 씨를 뿌리면 한여름에, 늦여름에 씨를 뿌리면 늦가을이 되기 전에 얻을 수 있답니다.

생활 속 십자화과 식물

십자화과 식물은 이름 그대로 십자가 모양의 꽃을 피우는 식물들인데 톡 쏘는 맛을 낸다는 특징이 있어. 화분이나 정원에 심는 것들도 많지만, 앞에서 살펴봤듯이 우리 식생활의 주재료가 되는 무나 배추 같은 작물도 십자화과 식물에 속해.
십자화과 식물들은 항암 작용이나 항산화 작용 등의 효과가 있다고 알려져서, 최근에는 십자화과 식물들을 교배시키거나 품종을 개량한 채소들이 많은 사람들에게 인기를 끌고 있어. 양배추, 콜라비, 브로콜리, 케일 등이 이에 속한단다.

▲ 콜라비는 양배추와 순무를 교배한 품종이야.

▲ 브로콜리에는 레몬의 2배나 되는 비타민이 들어 있어.

하니 박사의 생태 이야기

거꾸로 매달리는 걸 좋아하는 동물이 있다고?

▲ 동굴과 나뭇가지에 거꾸로 매달린 박쥐의 모습이야.

그럼 모든 박쥐는 똑바로 서서 걸어다닐 수 없나요?

　이야기 속에서 욕심쟁이 형 때문에 동생은 자루에 갇힌 채 나무에 매달려 있었어. 만약 도와주는 사람이 없었다면 사람이 나무에 거꾸로 매달린 채 오래 버티기는 힘들 거야. 하지만 거꾸로 매달리는 걸 좋아하는 동물이 있어. 동물에 관심이 많은 친구들은 벌써 눈치를 챘을지도 모르겠구나. 그래, 바로 박쥐야. 박쥐는 만화 주인공으로 많이 등장했기 때문에 실제로 보지 않은 친구들에게도 익숙한 동물일 거야. 그런데 박쥐는 왜 거꾸로 매달리는 걸 좋아하는 걸까?

　박쥐도 여러 종류가 있는데, 대부분의 박쥐는 똑바로 서서 걷거나 뛰지 않고, 컴컴한 동굴의 벽이나 나뭇가지 같은 곳에 거꾸로 매달린 채 잠을 자거나 휴식을 취해. 심지어 새끼를 낳을 때에도 거꾸로 매달린 상태에서 낳지. 박쥐가 거꾸로 매달린 채로 생활하는 정확한 이유는 아직까지 확실히 밝혀지지 않았어.

박쥐의 다리는 근육보다는 거의 힘줄로만 되어 있어. 똑바로 서 있으려면 튼튼한 근육으로 몸을 지탱해야 하지만, 거꾸로 매달려 있는 데는 힘줄만 있는 다리로도 충분하지. 더구나 매달리기 좋은 발톱 덕에 편하게 매달릴 수 있고, 심장과 혈관 구조 덕분에 머리로 피가 쏠리는 일이 없기 때문에 아무리 오래 매달려 있어도 어지럽지 않단다. 그리고 박쥐는 무릎 관절이 다른 포유동물에 비해 잘 돌아가기 때문에 거꾸로 매달린 상태에서도 쉽게 몸을 돌릴 수가 있어.

그동안 박쥐는 걷는 기능이 퇴화한 것으로 알려졌지만, 소나 말 등 가축의 피를 빨아먹는 흡혈박쥐가 뒤나 옆으로 걸을 뿐 아니라 뛰어다닐 수 있다는 것을 밝혀낸 연구가 있답니다.

나무에 거꾸로 매달려 사는 나무늘보

나무 위에서 게으름을 피우는 굼뜨고 느린 동물인 나무늘보도 나무에 매달린 채 생활하는 동물이야. 나무늘보는 나무에 매달린 채 하루 18시간을 잔단다. 박쥐만큼은 아니지만, 팔과 다리의 힘이 보통 사람의 몇 배가 넘을 만큼 센 데다가, 발톱이 길어서 종일 나무에 대롱대롱 매달린 채로 지내. 다른 나무로 옮겨 갈 때나 배변할 때를 빼고는 먹이를 먹고 잠을 자거나 새끼를 낳을 때에도 나무에 매달려 있지. 거꾸로 매달려 지내기 때문에 몸의 털도 다리에서부터 등 쪽으로 자란단다.

▲ 나무늘보의 발가락에는 갈고리발톱이 있어.

고슴도치와 토끼의 달리기

가을바람이 살랑살랑 부는 아침이었어.

"흠, 날씨가 정말 좋은걸."

고슴도치가 콧노래를 부르며 들판을 산책하다 맞은편에서 뛰어오는 토끼를 만났어. 고슴도치는 토끼를 보고 반갑게 인사했지.

"토끼야, 안녕?"

그러자 토끼가 시큰둥하게 물었어.

"너는 이른 아침부터 어디를 그렇게 가니?"

"날씨가 좋아서 산책을 하고 있었어."

그러자 토끼가 깔깔거리며 웃었지.

"그 짧은 다리로 뒤뚱거리며 산책을 하는 모습이 우습구나. 느릿느릿 돌아다니지 말고, 집에서 가만히 쉬는 게 어때?"

고슴도치는 토끼의 말에 기분이 상했어.

"그래도 내가 너보다 훨씬 빠를걸? 나와 달리기 시합을 해 볼래?"

"하하하! 네가 나보다 빠르다고? 좋아, 그럼 해 보자."

"아침부터 먹고 이 들판에서 다시 만나 시합을 하자."

고슴도치와 토끼는 다시 만나기로 약속하고 집으로 돌아갔어.

고슴도치는 아내에게 말했지.

"내가 토끼와 달리기 시합을 하기로 했으니 같이 들판으로 가요."

그러자 고슴도치 아내가 펄쩍 뛰며 고슴도치를 말렸어.

"그만둬요. 당신은 망신만 당할 거라고요."

"좋은 생각이 있으니 걱정 마요. 당신은 들판 끝에 있다가 토끼가 도착하면 '나는 벌써 와 있었지.' 하고 크게 외치기만 하면 돼요."

고슴도치 부부는 들판으로 갔어. 고슴도치는 아내가 서 있을 곳을 알려 주고, 토끼와 만나기로 한 곳으로 갔지. 토끼는 벌써 와 있었어.

"이제 달리기 시합을 해 볼까? 저기 들판 끝까지 달리는 거야."

고슴도치와 토끼는 출발선에 나란히 섰어.

"하나, 둘, 셋!"

토끼는 바람처럼 빠르게 달려갔지. 하지만 고슴도치는 몇 걸음 달리다가 바위 뒤에 숨었어. 토끼가 들판 끝에 도착하자 그곳에서 기다리던 고슴도치 아내가 소리쳤어.

"나는 벌써 와 있지!"

토끼는 깜짝 놀랐어.

"너, 언제 온 거야?"

토끼는 고슴도치와 똑같이 생긴 고슴도치 아내가 고슴도치인 줄 안 거야.

"믿을 수가 없어! 다시 한 번 시합하자."

토끼가 다시 출발선으로 달려갔더니 고슴도치가 서 있다가 외쳤어.

"이제 오는 거야? 나는 벌써 와 있었지."

토끼가 헉헉거리며 분해서 말했어.

"다시 한 번 시합해!"

그렇게 몇 번을 시합했지만 그때마다 고슴도치와 고슴도치 아내가 들판 양쪽에 서서 말했어.

"나는 벌써 와 있었지."

"내가 고슴도치에게 지다니……!"

잘난 체하던 토끼는 고슴도치에게 망신만 당했단다.

**자신에게 남보다 좋은 재능이 있다고 해서
남을 함부로 업신여겨서는 안 되겠지?**

하니 박사의 생태 이야기
느린 동물들의 무기는 따로 있다고?

▲ 고슴도치는 입이 돼지처럼 뾰족해.　▲ 호저도 위험이 닥치면 몸을 밤송이처럼 동그랗게 말아.　▲ 나무늘보는 털이 길고 거칠어.

나무늘보는 나무에서 지내는 게 가장 안전하겠군요.

　고슴도치의 지혜로 잘난 척하던 토끼가 보기 좋게 속아 넘어갔어. 하지만 실제로 토끼와 고슴도치가 달리기를 했다면 고슴도치는 토끼에게 지고 말았을 거야. 깡충깡충 뛰기 좋게 뒷다리가 긴 토끼는 몸놀림이 아주 재빠른 동물인데 반해, 고슴도치는 짧은 다리에 눈이 아주 어두운 동물이거든. 만약 고슴도치가 위험에 처하기라도 한다면 재빨리 도망갈 수 없을 테니 꼼짝없이 당하겠다고? 그런데 꼭 그렇지는 않단다. 고슴도치는 눈이 안 좋은 대신 냄새를 아주 잘 맡아. 그리고 아주 작은 움직임도 잘 알아차리지. 특히 고슴도치의 온몸에 나 있는 수천 개의 가시는 고슴도치가 가진 가장 강력한 무기야. 평소에는 가시를 눕히고 있지만 위험을 느끼면 가시를 뾰족하게 세우고는 몸을 동그랗게 말아서 웅크린단다.

호저도 고슴도치처럼 몸의 가시로 적을 위협하는 동물인데, 호저의 가시는 적의 몸을 찌르는 것으로 그치는 게 아니라, 적의 몸에 콕 박혀 버리지.

느린 동물 하면 남아메리카 열대 밀림 지역에 사는 나무늘보를 들 수 있어. 나무늘보는 앞에서도 잠깐 이야기했듯이 나무에 거꾸로 매달려 사는데, 잘 움직이지 않는 데다가 움직임도 너무 느리단다. 나무늘보의 몸에는 거칠고 긴 털이 나 있는데 계절에 따라 색깔이 변해. 털 색깔 때문에 때로는 나무 사이에 있는 나무늘보를 잘 알아보기 어렵기도 해. 또 나무늘보가 하도 느린 탓에 적의 눈에는 나무늘보의 움직임이 잘 포착되지 않을 수밖에 없어. 어쩌면 나무늘보의 무기는 '숨기'와 '게으름'이 아닐까?

> 나무늘보가 가끔 땅으로 내려와 구덩이를 파고 그 안에 배설을 하는데, 이것은 나무늘보가 사는 나무의 영양분이 된답니다.

지독한 냄새가 무기인 스컹크

고슴도치나 호저의 무기가 '가시', 나무늘보의 무기가 '숨기'와 '게으름'이라면 스컹크의 무기는 바로 '지독한 냄새'야. 족제비랑 비슷하게 생겼지만 검은색에 흰색의 무늬가 뚜렷한 스컹크는 적이 다가오면 온몸의 털과 꼬리를 세우고 발을 굴러 경고한단다. 그래도 적이 가까이 온다면 항문에 있는 두 개의 분비선에서 아주 지독한 냄새를 풍기는 액체를 뿜어내. 이 액체는 순간적으로 앞이 안 보이게도 만들어. 그래서 스컹크는 다른 동물을 크게 무서워하지 않는 편이란다.

▲ 스컹크의 항문선을 제거하고 애완동물로 키우기도 해.

하니 박사의 생태 이야기
토끼는 모두 귀와 다리가 길까?

▲ 우는토끼는 '생토끼', '쥐토끼'라고도 불러.

우는토끼는 꼬리가 없어 몸이 동글동글한 게, 이름도 생김새도 귀여운 토끼네요.

　이야기 속에서 달리기만큼은 자신만만하던 토끼는 실제로도 뛰어난 달리기 실력을 가지고 있어. 특히 산토끼는 빠르게 달리기 좋게 길고 강한 뒷다리를 가지고 있지. 토끼 하면 누구나 길다란 귀와 뒷다리를 먼저 떠올릴 거야. 그럼 토끼는 모두 귀와 뒷다리가 길까?
　혹시 '우는토끼'라고 들어 본 적 있니? 이름부터 재미있는 우는토끼는 우리가 흔히 생각하는 토끼의 모습과 많이 달라. 귀도 작고 다리도 짧은 데다가 꼬리도 없거든. 얼핏 보면 쥐처럼 생겼기 때문에 '쥐토끼'라고도 부르지. 하지만 쥐보다 몸 크기가 크고 입이 짤막하며 귓바퀴는 크고 둥글게 생겼어. 그리고 일반적으로 토끼가 울음소리를 내지 않는 데 비해, 쥐처럼 '찍찍'하는 소리를 내기 때문에 '우는토끼'라는 이름이 붙었단다.
　우는토끼는 시베리아, 몽골, 중국, 일본, 한국의 북부에 널리 분포하고 원시림 지대의 이끼가 많은 나무 아래나 뿌리 사이의 구멍에서 여러 마리가 무리 지어 사는데, 소리를 내서 적을 경계하기도 해. 주로 낮보다는 어두운 밤에 활동하는데 뭔가 적의 기척이 느껴지면 '찍'하는 소리를 내면서 나무 구멍 속으로 숨어 버린단다.

우는토끼는 계절에 따라 털갈이를 하기 때문에 여름에는 붉은 갈색이던 털이 겨울이 되면 회색이나 어두운 갈색으로 바뀌어. 그리고 추운 겨울을 지내기 위해 가을에 식물의 열매나 줄기, 잎 등의 먹이를 바위 틈새 등에 많이 저장해 두지. 우리나라에서는 북한의 해발 1000미터 이상이나 되는 높은 산악 지대에 사는 희귀한 토끼 종이야.

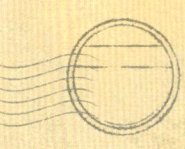

우는토끼는 주로 어린 나무를 갉아먹기 때문에 나무를 활용해 돈을 버는 사람들에게는 얄미운 동물일 수도 있답니다.

계절에 따라 털 색깔이 바뀌는 북극토끼

알래스카, 그린란드, 캐나다 북부 등 추운 지역에 사는 북극토끼도 우는토끼처럼 계절에 따라 털 색깔이 바뀐단다.
북극토끼는 북극여우나 북극늑대의 먹이가 되는데, 여름에는 팔과 다리만 빼고 몸 전체가 회갈색이 되기 때문에 북극여우나 북극늑대를 피해 흙이나 바위 틈에 숨기가 좋아. 그리고 겨울이 되면 몸 전체가 흰색으로 변해서 하얀 눈 속에 숨기 좋단다.

▲ 북극토끼는 겨울(왼쪽), 여름(가운데), 가을(오른쪽)의 털 색깔이 각각 달라.

동물의 말로 교황이 된 아들

어느 나라에 돈 많은 백작이 있었어. 백작에게는 아들이 하나 있었는데, 글자도 숫자도 못 깨우칠 정도로 바보 같았지.

백작은 온 나라를 뒤져 가장 현명하다는 학자를 찾았어. 그리고 아들을 학자에게 보내 많이 배워 오라고 했고, 일 년 후에 아들이 돌아왔어.

"일 년 동안 무엇을 배우고 왔느냐?"

"저는 그동안 늑대의 말을 배웠습니다."

백작은 다시 온 나라를 뒤져 가장 똑똑하다는 학자에게 아들을 보냈어. 다시 일 년이 지나고 아들이 집으로 돌아왔지.

"이번 일 년 동안에는 무엇을 배우고 왔느냐?"

"저는 그동안 개구리의 말을 배웠습니다."

백작은 화가 나서 다시 온 나라를 뒤져 다른 유명한 학자에게 아들을 보냈어. 또다시 일 년이 지나고 아들이 집으로 돌아왔지.

"이번에는 일 년 동안 무엇을 배우고 왔느냐?"

"저는 그동안 새의 말을 배웠습니다."

백작은 더 이상 참지 못하고 아들을 집에서 내쫓아 버렸어. 아들은 갈 곳이 없어서 한참을 헤맸지. 깜깜한 밤이 되자 아들은 큰 성 앞에 다다라

성문을 두드렸어. 그곳에는 그 마을 영주가 살고 있었어.

"이곳에서 하룻밤만 묵게 해 주시면 안 될까요?"

아들의 말에 영주가 어두운 표정으로 대답했어.

"성탑 방이 있긴 하나 그곳은 늑대가 자주 나타나 아무도 들어가지 않는다오. 우리 마을은 늑대들이 나타난 뒤로 엉망이 되었지요."

"성탑 방이라도 좋습니다. 저는 늑대의 말을 알아듣는답니다."

 다음 날 아침, 아들은 다친 곳 하나 없이 성탑 방에서 나왔어.

 "지난밤 늑대들의 이야기를 들었습니다. 오래전, 마녀가 저주를 내려 그들을 늑대로 변신시키고, 보물 상자를 지키게 했다고 합니다. 보물 상자를 꺼내 오는 사람이 저주를 풀고 보물 상자의 주인이 될 수 있다고 합니다."

 "그럼 당신이 보물 상자를 꺼내 와 저주를 풀어 주시오. 그리고 보물 상자의 주인이 되어 내 딸과 결혼해 주오."

 아들은 보물 상자를 꺼내 오고 저주를 풀었지만, 당장 결혼을 하고 싶지는 않아서 다시 길을 떠났어.

 아들이 늪지대를 지나는데 개구리들이 노래하고 있었지.

 "세상에서 가장 아름다운 도시는 로마라네."

개구리들의 노랫소리를 들은 아들은 로마에 가기로 결심했어.

로마에 도착하니 거리와 건물들, 조각상까지 정말 모든 게 아름다웠지. 하지만 아름다운 도시 로마는 교황이 세상을 떠나, 온통 슬픔에 잠겨 있었어. 그리고 새 교황을 뽑아야 하는데, 어떤 사람을 교황으로 뽑을지 추기경들의 의견이 서로 엇갈리고 있었지.

그때 아들이 어디선가 날아온 비둘기를 어깨에 얹고, 추기경들 옆으로 지나갔어. 갑자기 추기경들이 한목소리로 외쳤지.

"저분이 새 교황님이시다!"

깜짝 놀란 아들이 비둘기들에게 무슨 일인지 물었어.

"당신이 교황이 되신 거예요."

그렇게 해서 아들은 사람들의 존경과 사랑을 받는 교황이 되어 세상 사람들에게 사랑을 전했단다.

**사람마다 잘하는 것과 부족한 것이 모두 달라.
때로 부족한 점이라고 여겼던 것이 장점이 될 수도 있단다.**

하니 박사의 생태 이야기

동물들의 특별한 말은 무엇일까?

▲ 개구리가 울음주머니를 부풀려 울고 있어. ▲ 울고 있는 새의 모습이야. ▲ 오랑우탄은 소리나 몸짓, 표정 등으로 감정을 표현해.

동물들의 대화는 소리로 하는 방법과 소리 없이 하는 방법으로 나뉘지요.

글자도 숫자도 깨우치지 못하던 백작의 아들은 개구리, 새, 늑대의 말을 배우고 온 덕분에 교황이 될 수 있었어. 과연 개구리, 새, 늑대의 말은 어떤 것이었을까? 실제로 동물들의 말이 있기는 할까?

개구리는 주로 수컷이 울음주머니를 부풀려 우렁찬 소리를 내서 암컷을 불러. 새도 종류마다 소리가 다르겠지만, 울음소리나 몸짓으로 짝을 찾거나 사랑을 표현하고, 적을 경계하거나 위협하기도 해. 늑대 무리는 울음소리로 자신들의 존재를 알리며 다른 무리를 경계하지. 또 오줌으로 자신의 영역이라는 것을 표시하기도 해.

사람처럼 말을 할 수 없지만, 동물들의 세계에서도 그들끼리 통하는 특별한 말이 있단다.

사람과 닮은 침팬지나 오랑우탄 등의 영장류도 소리로 의사소통을 하거나, 특정한 몸짓 등으로 위험한 상황이나 감정 등을 표현해. 귀뚜라미나 매미 같은 곤충은 짝을 찾거나 동료를 부르기 위해 소리를 내지. 그리고 돌고래, 코끼리, 박쥐 같은 동물은 사람이 듣지 못하는 음파인 초음파를 내어 의사소통을 하거나 짝을 찾고, 먼 거리에 있는 물체의 위치를 알아내기도 한단다. 꿀벌은 꿀을 찾으러 나간 벌이 꿀을 발견하면 집에 돌아와 8자 모양의 춤을 추며 동료들에게 꿀이 있는 곳을 알려 주지.

소리나 몸짓만 동물들의 말이 되는 건 아니야. 동물들은 때로 빛이나 냄새 같은 것으로 대화를 하기도 해. 반딧불이는 꽁무니에서 나는 빛으로 짝을 찾고, 개미는 '페로몬'이라는 화학 물질로 동료 개미들을 먹이가 있는 곳까지 안내한단다.

> 강아지가 기분이 좋을 때 꼬리를 흔드는 것도 강아지만의 언어라고 할 수 있겠군요.

화려한 몸짓으로 대화하는 두루미

우리나라 멸종 위기 야생 생물이자 천연기념물로 지정된 두루미를 수십 년 동안 연구한 결과, 두루미가 약 60가지 이상의 소리와 몸짓으로 대화한다는 사실을 밝혀냈어. 두루미는 하늘을 향해 부리를 들고 '뚜르르, 뚜르르' 하는 소리를 내며 구애를 하고, 암컷과 수컷이 서로 마주 보고 뛰거나 고개를 숙이고 날갯짓을 하는 등의 사랑 표현을 하지. 다른 무리와 영역 다툼을 할 때는 하늘로 부리를 들고 아주 크게 울며 경계하고 싸움에 이기면 기쁨의 춤을, 싸움에 지면 땅에 납작 엎드리는 등의 몸짓을 하기도 한단다.

▲ 다양한 몸짓으로 의사소통을 하는 두루미의 모습이야.

하늬 박사의 생태 이야기
사람의 말을 따라 하는 동물이 있다고?

▲ 회색앵무는 말하는 앵무새들 중 세계적으로도 유명해.

이야기 속에서 백작의 아들이 동물의 말을 배웠던 것과 반대로 동물이 사람의 말을 배워서 따라 할 수도 있을까?

동물원 같은 곳에서 사람의 말을 따라 하는 화려한 깃털의 앵무새를 본 친구도 있을 거야. 앵무새는 남미나 아프리카 열대 지방 등에 분포하는 새인데, 잘 훈련시키면 사람과 금방 친해지기도 하고 짧은 단어도 곧잘 따라 해. 앵무새는 다른 새와 달리 혀가 두껍고 부드러우며 사람의 혀랑 비슷해서 사람의 말뿐만 아니라, 다른 동물의 소리도 흉내 낼 수 있단다. 앵무새 중에서도 사람의 말을 아주 잘 따라 하는 새는 아프리카에 서식하는 회색앵무인데, 기억력도 아주 좋기로 유명해. '알렉스'라는 이름의 회색앵무는 1부터 8까지 셀 수 있었을 뿐만 아니라 수십 개의 물건 이름도 외웠다고 해. 심지어는 단어를 섞어서 짧은 문장을 만들어 내기도 했단다.

그런데 앵무새만 사람의 말을 따라 할 수 있는 건 아니야. 우리나라의 한 동물원에 사는 코끼리 '코식이'는 사람의 말을 꽤 정확히 따라 하기도 했단다. '안녕', '안 돼', '좋아', '누워', '아니야', '앉아', '아직' 등의 단어를 따라하는 것을 사육사가 발견했다고 해. 이 코끼리는 사람이 손가락으로 휘파람을 부는 것처럼 입김을 내뿜으면서 코를 입에 넣어 공기를 조절해서 사람 소리를 흉내 냈다고 해.

사람의 수화를 배워서 의사소통을 하는 고릴라라니, 정말 똑똑하네요.

사람의 말을 따라 하는 동물이 있는가 하면 수화로 의사소통을 하는

◀ 수화로 말하는 고릴라, '코코'의 모습이야.

수화하는 고릴라 코코는 친했던 고양이가 사고로 죽었을 때 울면서 수화로 '슬퍼', '눈물 나', '나빠' 등의 표현을 했답니다.

동물도 있어. 미국에 사는 '코코'라는 고릴라는 사람이 쓰는 수천 개의 단어를 알아듣고, 천 개가 넘는 단어들을 수화로 표현해 냈대. '와쇼'나 '루시'라는 침팬지도 수화를 배워서 의사소통을 할 수 있었던 동물로 알려져 있단다.

회색앵무 알렉스의 언어 능력

훈련을 잘 받으면 사람의 말을 곧잘 따라 하는 앵무새의 말하기 능력은 단순히 흉내를 잘 내는 것일까, 아니면 말의 뜻을 이해하고 표현할 줄 아는 것일까? 연구자들은 이 앵무새들이 3~6세 정도 어린아이의 지능이 있다는 것을 밝혀냈어. 아프리카 회색앵무 알렉스는 숫자뿐 아니라, 색깔과 모양을 구분할 수 있었어. 같은 크기의 물건을 주고 가장 큰 것을 고르라고 하면 없다고 대답할 수 있을 정도였지. 또 알렉스가 원하는 물건과 다른 것을 갖다 주면 바닥에 던지기도 했다고 하니, 정말 놀랍지?

▲ 실험하는 페퍼베그 박사와 알렉스

16 다시 읽는 그림 형제 동화

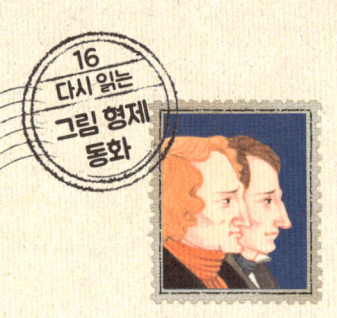

후투티와 해오라기

세상에서 가장 지혜롭다고 소문난 나이 많은 목동이 있었어. 나이가 많은 사람이든 나이가 적은 사람이든, 부자든 가난한 사람이든 지혜로운 목동을 찾아와 고민을 털어놓으면 어떤 문제도 해결됐지.

어느 날 한 부자가 지혜로운 목동이 사는 마을로 이사를 왔어. 부자는 으리으리한 집을 짓고 살면서 넓은 땅과 논밭도 사들였지. 또 소들도 샀는데, 어디에 풀어놓고 키우면 좋을지 고민하다 목동을 찾아갔어.

"영감님, 영감님은 이 마을에서 오랫동안 소들을 돌보셨다지요? 어떤 곳에 소들을 풀어놓으면 소들이 잘 자랄까요?"

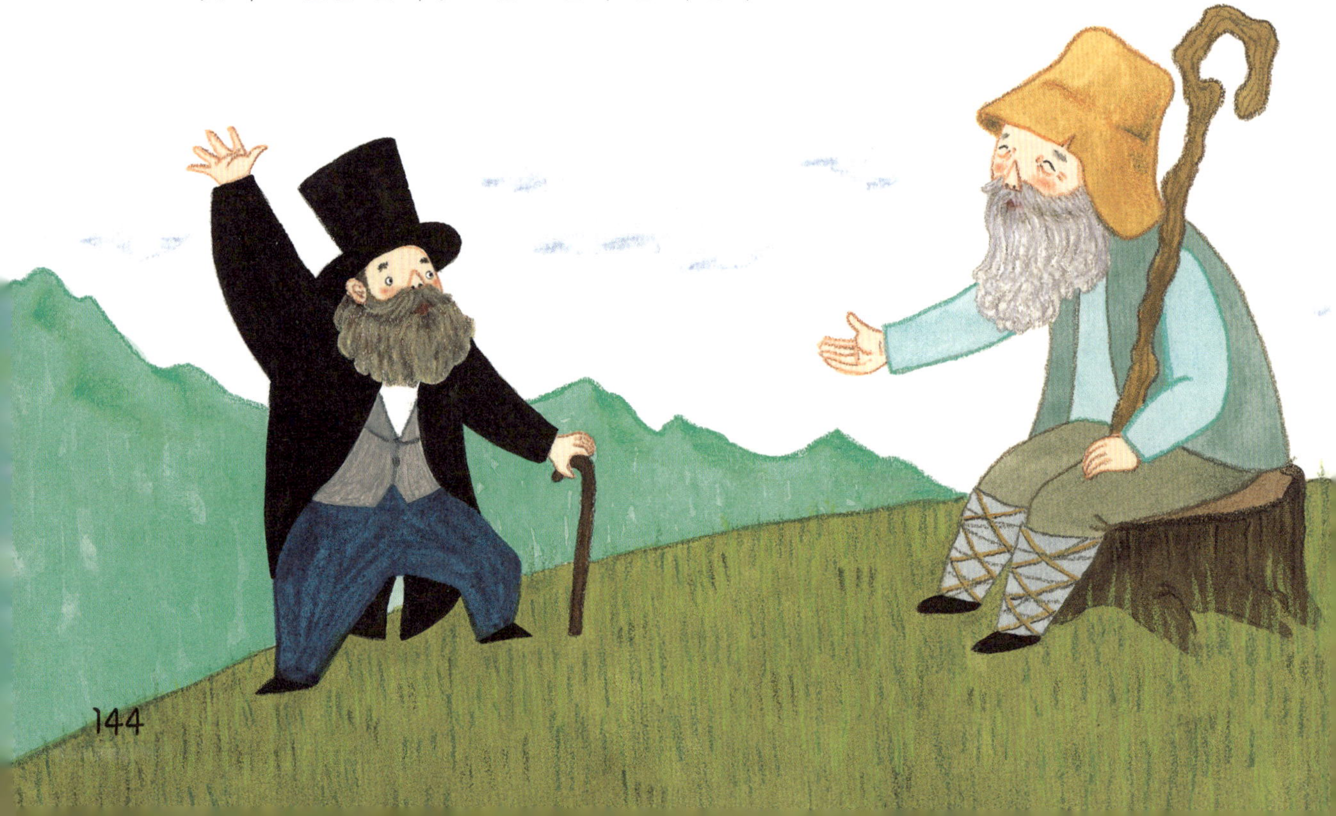

지혜로운 목동은 미소를 지으며 말했어.

"제가 옛날이야기 하나 해 드리지요. 이 세상에 사람이 살기 전 동물들만 살던 때 이야기랍니다. 동물들 중 새가 가장 많을 때라 새가 세상을 지배하고 있었지요. 그 새들 중에서 후투티와 해오라기가 있었는데, 그 둘은 모두 소 한 무리씩을 돌보았습니다. 어느 날 후투티와 해오라기는 누구의 소가 더 건강하게 자라는지 내기를 했어요. 그들은 각자 풀밭으로 자신의 소들을 데려가 풀을 먹였답니다. 해오라기는 싱싱한 풀이 가득한 연못가 풀밭으로 소들을 데려갔습니다. 후투티는 숲으로 이어지는 모래가 가득한 언덕으로 소들을 데려갔지요. 누가 내기에서 이겼을까요?"

목동의 물음에 부자가 말했어.

"그야 당연히 싱싱한 풀이 가득한 연못가 풀밭으로 소들을 데려가 풀을 먹인 해오라기가 내기에서 이겼겠지요?"

그러자 목동이 고개를 저었어.

"해오라기가 데려간 소들은 연못가 풀밭에서 배부르게 풀을 뜯어 먹었어요. 그래서 잘 자란 소들의 힘이 세졌는데, 성질 또한 사나워졌지요. 해오라기는 소들을 통제하기 어려웠습니다. 결국 소들은 모두 제멋대로 달아나 버렸답니다."

그러자 부자가 놀란 목소리로 목동에게 물었어.

"그럼 모래 언덕으로 소들을 데려간 후투티가 이겼습니까?"

부자의 말에 목동은 또 고개를 저었어.

"후투티가 데려간 소들은 모래가 가득한 언덕에서 먹을 풀을 찾기 힘들었습니다. 나중에는 소들이 힘없이 비틀대다 쓰러져 버렸죠."

목동의 이야기를 듣고 나서 부자는 곰곰이 생각했어.

"자, 이제 어떤 곳에 소들을 풀어놓으면 좋을지 아시겠습니까?"

목동의 물음에 부자는 웃으며 고개를 끄덕였어.

"네. 그러니까 너무 좋은 풀밭도, 너무 나쁜 풀밭도 소들에게는 좋지 않다는 것이군요."

"허허허, 그렇습니다."

부자는 돌아가서 자기 소들을 돌보는 목동에게 너무 좋지도, 너무 나쁘지도 않은 풀밭을 찾아 소를 풀어놓고 키우도록 했단다.

'지나친 것은 모자란 것보다 못하다.'라는 말이 있단다. 지나치게 욕심 부리다가는 더 나쁜 결과가 있을 수도 있다는 뜻이야.

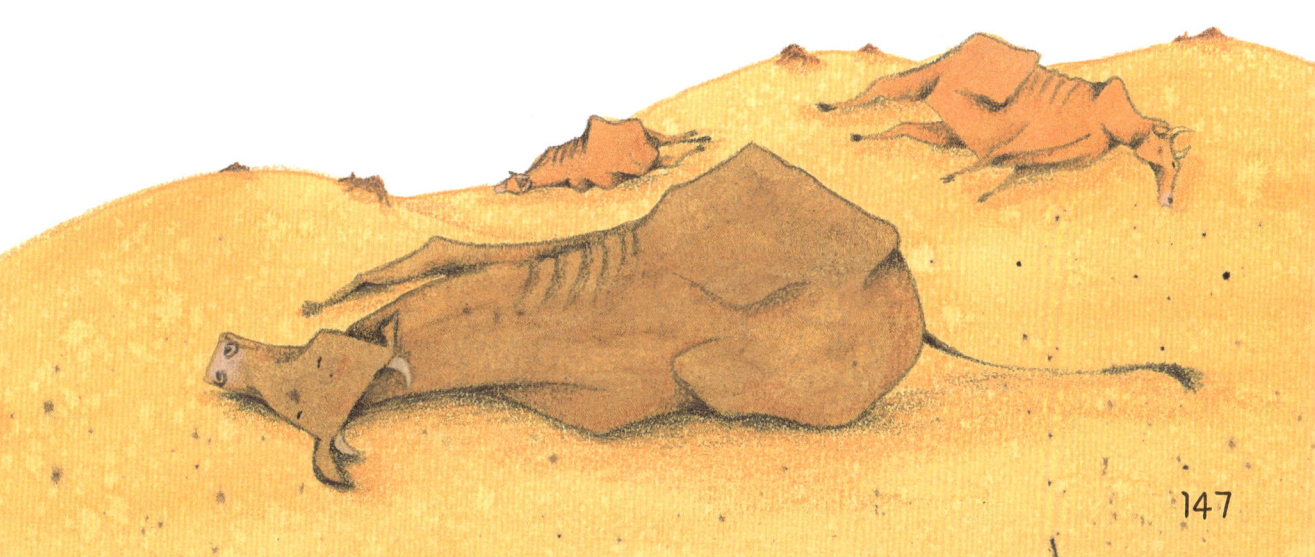

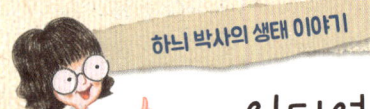

하늬 박사의 생태 이야기
인디언 추장을 닮은 새가 있다고?

▲ 후투티는 평소에는 머리 깃털을 늘어뜨리고 있다가 놀라거나 주위를 경계할 땐 깃털을 세워.

'후투티'라는 이름도 왠지 인디언의 이름 같은 느낌이네요.

   목동의 이야기에 등장하는, 먼지가 가득한 모래 언덕으로 소들을 데려간 후투티는 어떤 새일까? 후투티는 특이한 이름만큼이나 겉모습도 아주 독특해서 한눈에 알 수 있는 새야. 무엇보다 머리 꼭대기의 깃털이 마치 인디언 추장이 쓰는 모자의 화려한 장식처럼 생겨서 '인디언 추장새'라는 별명이 있어. 게다가 날개와 꼬리의 검은색과 흰색 줄무늬가 화려함을 한층 더하지.
   후투티는 유럽, 아시아, 아프리카에 분포하는데, 우리나라에서는 여름철에 볼 수 있는 여름 철새야. 하지만 아주 흔한 새는 아니지. 후투티는 야산의 숲 또는 사람이 사는 집의 처마 밑에서도 번식하는데, 긴 부리로 땅을 찌르면서 애벌레나 거미 같은 곤충 등을 잡아먹어. 그중에서도 땅강아지를 즐겨 먹는데, 뽕나무 주변에서 서식하면서 해충을 잡아먹는다고 해서 '오디새'라고도 불린단다.

후투티는 평소에는 인디언 추장의 모자 장식 같은 머리 꼭대기의 긴 깃털을 늘어뜨리고 있지만, 땅 위를 다니면서 주변을 경계하거나 놀랐을 때에는 이 깃털을 곧게 세우지.

후투티는 아주 빠르게 날지는 않지만 날개와 꼬리의 검은색과 흰색의 줄무늬 깃털 때문에 하늘을 날 때에는 파도가 일렁이듯 예쁜 모습을 뽐낸단다.

후투티는 따로 둥지를 짓지 않고 오래된 나무 구멍이나 딱따구리가 둥지로 삼았던 나무 구멍을 둥지 삼아, 그곳에서 알을 낳고 새끼를 보살피는데, 한 둥지에서만 몇 년을 지내기도 한단다.

후투티는 외국 이름이 아니라 우리말 이름이랍니다. '후욱 후욱' 하는 울음소리에서 이름이 나온 것으로 추측되지요.

머리 깃털이 화려한 새들

인디언 추장을 닮은 후투티만큼이나 머리 깃털이 화려한 새들은 또 누가 있을까? 북미의 부채 모양 머리를 가진 딱새류는 빨간색이나 노란색 부채처럼 확 펼쳐진 머리 깃털이 아주 멋진 새야. 아프리카에서 볼 수 있는 회색관두루미는 황금색 머리 깃털이 마치 금관을 쓴 것 같은 모습이지. 아프리카에서 뱀을 잡아먹고 사는 뱀잡이수리는 머리 깃털이 꼭 깃털 달린 펜처럼 생겼어. 유황앵무도 머리의 노란 깃이 아주 우아한 새란다.

▲ 머리 깃털이 화려한 회색관두루미(왼쪽), 뱀잡이수리(가운데), 유황앵무(오른쪽)의 모습이야.

하니 박사의 생태 이야기

머리에 하얀 댕기를 달고 다니는 새는 누구일까?

▲ 머리에 하얀 깃이 달린 해오라기야.　▲ 해오라기가 물고기를 잡아먹는 모습이야.　▲ 해오라기 둥지는 둥그런 접시 모양이야.

둥둥한 몸에 짧은 다리라니, 해오라기가 왠지 귀엽게 느껴지네요.

　　이야기 속의 후투티가 인디언 추장 같은 머리 장식을 하고 있는 새라면, 해오라기는 머리에 하얀 댕기를 달고 다니는 새야.
　　해오라기는 백로류에 속하는 새인데, 윗 목에 1~3개의 길고 가느다란 하얀 깃이 달려 있거든. 목동의 이야기 속에서 해오라기가 소들을 연못가 풀밭에 데려간 이유는 아마도 해오라기가 연못가나 호숫가에 사는 새이기 때문이었을 거야. 해오라기는 낮에 습지나 논, 하천, 호숫가 등에서 생활하고, 주로 어두컴컴한 밤이 되면 먹이를 찾아 활동하는 새거든. 물 가까이 사는 새라서 주로 개구리나 물고기, 갑각류 등을 잡아먹으며 살고, 쥐나 곤충을 잡아먹기도 해.
　　다른 백로류에 비해서 해오라기는 다리가 짧고 몸이 뚱뚱해. 게다가 목이 굵고 짧아서 땅 위를 걸어다닐 때에는 마치 거북처럼 목을 움츠리고 다닌단다. 하지만 먹이를 발견하면 움직이지 않고 가만히 있다가 평소에는 거의 없어 보이던 목을 길게 늘여서 먹이를 잡아먹어. 목이 굵기 때문에 꽤 큰 물고기를 삼키는 것도 어렵지 않지.

해오라기는 왜가리, 중대백로, 쇠백로 등의 다른 백로류와 섞여서 번식을 하는데, 소나무 등에 나뭇가지를 얼기설기 엮어서 둥그런 접시 모양의 둥지를 짓고 그 안에 솔잎 같은 것을 깔아 보금자리를 마련해.

해오라기는 아프리카, 유라시아 등에 분포하는데, 우리나라에는 봄에 번식하러 왔다 서늘해지는 가을 10월쯤이 되면 따뜻한 남쪽 나라로 이동하는 여름 철새야. 하지만 최근에는 무리가 집단으로 겨울을 나는 모습도 발견되면서 점점 텃새화되는 모습을 보이고 있단다.

해오라기는 낮에 숲이나 물가에서 쉬는데, 쉴 때에는 한쪽 다리만 세우고 쉰답니다.

검은 댕기를 달고 다니는 검은댕기해오라기

▲ 검은댕기해오라기(왼쪽)와 해오라기(오른쪽)는 외모나 사는 습성이 달라.

해오라기와 검은댕기해오라기는 사는 곳도 비슷하고, 비슷한 시기에 우리나라에 왔다가 비슷한 시기에 우리나라를 떠나는 여름 철새야. 하지만 이름에서도 알 수 있듯이 해오라기가 머리에 하얀 댕기를 달고 다닌다면, 검은댕기해오라기는 머리 뒤에 검은색의 깃을 가지고 있단다. 또 해오라기의 눈이 붉은색인 데 비해, 검은댕기해오라기의 눈은 노란색을 띠고 있어. 앞에서 살펴본 것처럼 해오라기가 다른 백로류들과 집단으로 번식하는 반면, 검은댕기해오라기는 숲속의 나무에 둥지를 만들고 단독으로 번식한단다.

여우와 고양이

숲속 나라의 대장인 늑대는 힘세고 사냥도 잘했는데, 어느 날 병들어 죽고 말았어. 그래서 늑대 다음으로 힘세고 사냥도 잘하는 여우가 대장이 되었지. 대장이 된 여우는 다른 동물들을 무시하고 거들먹거리며 숲을 휘젓고 다녔어. 그리고 어느 날부터인가 여우는 주머니 하나를 들고 다녔지. 동물들은 여우의 주머니에 무엇이 들어 있는지 궁금했어.

"여우님, 그 자루에는 무엇이 들어 있나요?"

그러면 여우는 버럭 소리를 지르며 말했어.

"몰라도 돼! 대장인 내가 너희에게 그런 것까지 알려 줘야 하나?"

여우는 다른 동물들에게 아주 쌀쌀맞게 굴었지.

하루는 여우가 숲을 돌아다니다가 고양이를 만났어. 고양이는 여우에게 공손하게 인사했지.

"여우님, 안녕하세요?"

그런데 여우는 퉁명스럽게 대답했어.

"하찮은 고양이 따위가 나에게 말을 걸어?"

"죄……죄송해요."

"난 똑똑하고, 힘도 세고, 사냥도 아주 잘하지만 대체 너는 무슨 재주가 있느냐?"

고양이는 부끄러워하며 대답했어.

"저는 한 가지 재주밖에 없습니다."

"그 한 가지 재주가 무엇이냐?"

"저는 적이 쫓아오면 재빨리 나무 위로 도망치는 재주가 있지요."

그러자 여우가 고양이를 크게 비웃었어.

"하하하! 도망치는 게 재주라고? 그게 재주라면 내 자루 속에는 적이 쫓아오면 도망치는 방법이 백 가지나 넘게 들어 있다."

고양이가 깜짝 놀라 물었어.

"도망치는 방법이 백 가지나 넘게 있다고요?"

"물론이지. 그것만 있는 게 아니라 적을 함정에 빠뜨릴 방법도 들어 있지!"

여우가 의기양양하게 말하던, 바로 그때였어.

"컹컹컹! 컹컹!"

열 마리쯤 되는 사냥개들이 여우와 고양이 가까이로 몰려왔어.

고양이는 재빨리 나무 위로 도망쳤지만, 여우는 당황해서 어떻게 할지 모르고 주춤거렸어.

고양이는 나무 위에서 여우에게 소리쳤지.

"여우님, 어서 주머니를 여세요! 어서요!"

하지만 여우의 주머니는 아무 소용없었어. 여우가 머뭇거리는 사이, 이미 여우는 사냥개들에게 잡히고 말았단다.

"누군가 쫓아오면 도망칠 방법을 백 가지나 가지고 있다고 잘난 척하더니만, 쯧쯧……."

잘난 척하고 으스대며 다른 동물들을 무시하던 여우는 위기가 닥치자 아무것도 하지 못했어.
자신의 힘만 믿고 남을 함부로 무시하다가는 예상치 못한 상황에서 위기에 처할 수 있단다.

하늬 박사의 생태 이야기

여우는 고양이와 친할까, 개와 친할까?

▶ 어린 여우(왼쪽)와 강아지(오른쪽)는 겉모습이 많이 닮았어.

그러고 보면 여우도 재주가 많은 동물이네요. 열 마리의 사냥개라면 여우도 어찌할 수는 없었겠지만요.

나무 위에 오르는 것도 재주나며 고양이를 무시하고 비웃던 여우가 그만 사냥개에게 쫓기는 신세가 되고 말았어. 그런데 사실은 여우가 고양이보다 개랑 더 친하다는 거 알고 있니?

여우는 개과에 속한 포유동물이야. 여우도 종류가 많지만, 누구나 쉽게 떠올리는 붉은빛 털을 가진 붉은여우가 세계적으로 가장 널리 퍼져 있는 대표적인 여우인데, 찬찬히 생김새만 봐도 개랑 닮았다는 걸 알 수 있어. 특히 어린 여우는 다 자란 여우만큼 입이 뾰족하지 않기 때문에 강아지랑 아주 많이 닮았어. 여우는 몸 크기나 자라는 속도도 개와 비슷한데, 커 갈수록 입이 뾰족해지면서 개와 구분이 된단다. 그리고 개와 달리 똥구멍에서 특유의 강한 냄새를 내뿜지. 개가 짖는 것처럼 여우도 '캥캥' 하고 짖는데, 개보다는 약간 가늘고 높은 목소리로 짧게 짖는단다. 애완동물로 기르는 개와 달리 여우는 야생성이 강하기 때문에 애완동물로 기르기가 힘들고, 수명도 보통 개들처럼 10~15년은 살지만, 야생에서는 더 빨리 죽는 경우가 많아. 개과에 속한 동물들이 뛰어올라 먹잇감을 덮치는 사냥을 잘하는 것처럼, 여우도 눈 아래에 숨어

◀ 여우(왼쪽)는 개과 동물이기 때문에 개(오른쪽)와 닮았지만, 다 자란 여우는 입이 뾰족해.

있는 쥐 종류를 잡아먹을 때에는 높이 뛰어올라 먹이를 덮친단다.

여우는 사냥을 잘할 뿐 아니라, 꾀가 많고 영리한 편이야. 토끼 굴이나 오소리 굴 등을 빼앗아 살기도 하고, 남의 먹이를 몰래 훔쳐서 달아나기도 해. 농가의 닭장에서 닭을 훔쳐 달아나기도 하는데, 마치 닭이 스스로 뛰쳐나가는 것처럼 자기 몸에 덮은 채로 위장하여 물고 나가기도 한단다.

길고양이 같은 여우

한국에서의 야생 여우는 현재 멸종된 것으로 알려져 있어. 하지만 외국에서는 종종 거리를 헤매이는 길고양이처럼 떠돌아다니는 여우를 볼 수 있다고 해. 영국에서는 먹이를 찾아 쓰레기통을 뒤지거나 사람이 사는 집의 정원을 기웃거리는 여우들이 종종 있고, 러시아에서는 낚시꾼들 옆을 서성거리다 먹을 것을 얻어먹는 여우도 있단다. 미국의 한 가정집 정원에서는 먹을 것을 찾아 야생에서 내려온 여우가 고양이와 함께 음식을 나눠 먹는 모습이 포착되기도 했단다.

> 몸 크기가 개나 고양이와 비슷하다고는 하지만 여우도 분명 맹수이기 때문에 족제비, 너구리, 쥐 등의 작은 포유동물들을 사정없이 덮친답니다.

◀ 사람이 사는 정원에서 고양이와 함께 먹이를 먹는 여우의 모습이 발견되기도 해.

하니 박사의 생태 이야기

고양이가 높은 곳에서도 사뿐사뿐 잘 다니는 이유는?

▲▲ 고양이는 나무에도 잘 오를 뿐 아니라, 높은 나무에서도 사뿐사뿐 걸어다녀.

이야기 속에서 여우보다 힘이 약한 고양이지만, 나무에 오르는 재주 때문에 사냥개들을 피할 수 있었어. 고양이는 실제로도 나무와 같이 높은 곳에 아주 잘 올라가. 고양이는 어떻게 나무에 쉽게 오를 수 있을까?

고양이는 나무에 오를 때 늘어나는 발톱을 나무에 찍은 다음, 나무를 꼭 쥔 채 튼튼한 뒷다리로 몸을 밀어 올려. 그리고 몸을 나무에 바짝 붙여 몸의 무게 중심을 나무 가까이에 두는 거야.

또 고양이는 높은 곳에서도 뒤뚱거리거나 흔들리지 않고 사뿐사뿐 잘 걸어다닐 수 있는데, 그 이유는 몸의 균형을 잡는 능력이 뛰어나기 때문이야. 실수로 높은 곳에서 떨어진다 해도 몸의 방향을 잘 바꾸기 때문에 땅 위에 가볍게 내려선단다.

고양이 몸 중에서 고양이가 움직이는 데 중요한 역할을 하는 게 있는데, 그게 바로 고양이 수염이야. 고양이의 윗입술, 눈 위나 뺨, 턱 아래에 나 있는 수염은 몸에 난 다른 털보다 아주 깊숙이 나 있는데, 마치 안테나 같은 역할을 해. 수염의 뿌리가 있는 부분이 모세 혈관 신경으로 둘러싸여 있기 때문에 수염의 끝에 뭔가가 닿으면 고양이는 아주 잽

나무에 그렇게 오르다 보면 고양이 발톱이 금방 닳지 않을까요?

▲ 고양이 얼굴에는 수염이 많이 나 있어.

싸게 움직이지. 그래서 쥐와 같은 먹이가 아무리 살살 움직여도 순식간에 알아챌 수 있는 거야. 그리고 좁은 틈도 빠져나갈 수 있는지 없는지 수염으로 알아챌 수 있어.

만약 고양이 수염을 고정시킨다면 고양이는 움직이지 않고 아무런 반응을 하지 않는 걸 알 수 있을 거야. 그만큼 고양이에게 수염은 아주 중요한 부분이기 때문에 함부로 깎거나 뽑지 않는 게 좋단다.

고양이 발톱은 평상시에는 발가락 속에 숨어 있기 때문에 그렇게 빨리 닳지 않는답니다. 먹이를 사냥할 때나 적을 경계할 때에만 발톱을 드러내니까요.

수염을 사용하는 동물들

고양이처럼 몸에 난 수염을 아주 중요하게 사용하는 동물들이 있어. 고양이의 먹잇감인 쥐에게도 수염이 아주 중요해. 마치 곤충의 더듬이 같은 역할을 하기 때문에 앞이 잘 보이지 않는 어두운 밤에도 잘 움직일 수 있단다. 바다표범도 수염으로 물 밖에서 100미터 넘게 떨어져 있는 곳의 움직임을 느낄 수 있다고 하니, 정말 신기하지?

▶ 바다표범에게도 수염은 아주 중요한 역할을 해.

굴뚝새와 곰

18 다시 읽는 그림 형제 동화

곰과 늑대가 숲을 걷다 곱고 아름다운 새의 노랫소리를 들었어.

"늑대야, 새소리가 정말 아름답지 않니?"

"응, 저 소리는 새 중의 왕이 노래하는 소리야."

그 소리는 바로 굴뚝새의 노랫소리였지.

늑대의 말에 곰이 눈을 반짝거리며 말했어.

"왕이 사는 궁전은 어마어마하게 크고 화려하겠지?"

"하지만, 그 궁전은 네 생각과 좀 다를 수도 있어."

늑대는 곰을 데리고 굴뚝새의 보금자리로 찾아갔어.

마침 엄마 굴뚝새와 아빠 굴뚝새가 먹이를 물고 둥지로 날아 들어갈 때였지. 곰이 그 뒤로 따라 들어가려 하자, 늑대가 곰을 말렸어.

"잠깐! 왕과 왕비가 나갈 때까지 기다려야 해."

곰은 왕이 사는 궁전 안이 몹시 궁금했지만 꾹 참았어.

잠시 후 엄마 굴뚝새와 아빠 굴뚝새가 어디론가 날아갔어.

"왕과 왕비가 나갔으니, 이제 궁전을 볼 수 있는 거지?"

곰이 둥지 안을 들여다보니, 아기 굴뚝새 몇 마리가 놀고 있었지.

"애걔, 이게 왕의 궁전이라고? 궁전이 너무 초라하잖아!"

곰이 무척 실망하자, 늑대가 말했어.

"그러니까 네 생각과 다를 수도 있다고 했잖아."

그러자 곰이 아기 굴뚝새들을 가리키며 말했지.

"봐, 애들도 왕의 아이들이라고 하기에는 너무 형편없지 않아?"

그 말을 들은 아기 굴뚝새들이 화를 냈어.

"우리 집이 어때서 그래?
우리가 형편없다니?"

곰과 늑대가 돌아간 뒤 엄마 굴뚝새와 아빠 굴뚝새가 먹이를 물고 다시 둥지로 돌아왔어.

"엄마, 아빠! 곰이 우리 집을 보고 초라하다고 했어요."

"우리를 보고는 형편없다며 무시했어요!"

아기 굴뚝새들의 말에 엄마 굴뚝새와 아빠 굴뚝새도 잔뜩 화가 났지.

"뭐라고? 감히 우리 집과 우리 아이들을 무시해?"

"걱정 마라. 엄마 아빠가 혼내 줄게."

엄마 굴뚝새와 아빠 굴뚝새는 곰이 사는 굴을 찾아갔어.

"네가 감히 우리 집과 우리 아이들을 무시하고 욕해? 이제부터 전쟁이다. 전쟁 준비를 하고 나와!"

엄마 굴뚝새와 아빠 굴뚝새는 잔뜩 으름장을 놓고 돌아갔지.

곰은 돼지, 사슴, 소, 당나귀 등 네 발 달린 동물들을 모두 불렀어. 굴뚝새는 새들 뿐만 아니라 나비, 벌, 모기, 파리 같은 곤충들까지 하늘을 나

는 동물들을 모두 불러 모았지.

  전쟁이 시작되기 전, 아빠 굴뚝새는 모기에게 적들을 엿보고 오라고 했어. 모기는 네 발 달린 동물들이 모인 곳으로 날아갔지. 곰이 여우에게 말했어.

  "여우야, 가장 똑똑한 네가 앞에서 우리를 이끌어 줘."

  "좋아. 그럼 내가 앞에서 꼬리를 높이 치켜들면 아무 문제 없다는 뜻이니까 계속 앞으로 나아가. 만약에 무슨 문제가 생기면 **꼬리**를 내릴 테니까 그때는 재빨리 도망치는 거야. 알았지?"

  모기는 아빠 굴뚝새에게 네 발 달린 동물들의 작전을 엿들은 대로 전했어.

네 발 달린 동물들은 땅이 흔들릴 정도로 우르르 달려갔어. 하늘을 나는 동물들은 퍼덕퍼덕 날아올라 하늘을 뒤덮었지.

바로 그때, 아빠 굴뚝새가 벌들에게 명령을 내렸어.

"벌들아! 너희가 날아가서 여우의 꼬리를 공격해라!"

벌들은 윙윙거리며 힘차게 날아가 여우의 꼬리를 공격했어.

"아얏!"

여우는 벌들의 공격을 받아 꼬리가 아팠지만 꾹 참고 한쪽 다리를 살짝 들어 올렸어.

"아얏! 아얏!"

벌들이 계속 공격하자 여우는 아픔을 참기 힘들어 꼬리를 살짝 들었다 내렸어. 그래도 벌들의 공격은 계속되었지.

여우는 더 이상 참지 못하고 꼬리를 내려 다리 사이로 감췄어.

"아야야, 내 꼬리! 내 꼬리!"

여우가 꼬리를 내리고 도망치자 다른 동물들도 모두 도망쳤어. 아빠 굴뚝새의 작전대로 하늘을 나는 동물들이 전쟁에서 이긴 거야.

아빠 굴뚝새와 엄마 굴뚝새는 아기 굴뚝새들에게 기쁜 소식을 전했지.

"얘들아, 우리가 이겼어."

"우리가 곰과 늑대 무리를 혼내 주었단다."

그리고 아빠 굴뚝새는 곰에게 가서 소리쳤어.

"당장 우리 둥지로 와서 우리 아이들에게 사과해!"

그제야 곰은 둥지로 찾아와 아기 굴뚝새들에게 사과했단다.

"얘들아, 정말 미안해. 내가 실수했어."

생각 없이 내뱉은 말이 다른 사람에게는 돌이킬 수 없는 상처를 줄 수도 있어. 언제나 다른 사람의 입장에서 말하고 행동하도록 노력하자.

하니 박사의 생태 이야기
굴뚝새는 왜 굴뚝으로 몰려들까?

▲ 노래하는 굴뚝새의 모습이야.　　　　　　▲ 굴뚝새의 알이 들어 있는 둥지야.

산과 마을을 오가는 굴뚝새라니 정말 부지런하군요.

　몸집은 작지만 지혜로 곰과 늑대 무리를 한방에 물리친 굴뚝새는 어떤 새일까? 참새나 까치, 비둘기, 까마귀처럼 흔하게 들어 본 새 이름은 아닐지 모르지만, 굴뚝새는 우리나라에서 흔히 볼 수 있는 텃새야.
　굴뚝새는 우리나라뿐만 아니라 중국, 러시아, 일본, 아프리카, 중앙아시아, 히말라야 등 세계 여러 곳에 널리 퍼져 있지.
　굴뚝새는 몸길이 10센티미터 정도의 작은 새로 울창하고 습한 숲이나 평지에 살면서 땅 위로 낮게 날아다니기 때문에 눈에 잘 띄지는 않아. 그런데 왜 하필 이름이 '굴뚝새'인 걸까?
　굴뚝새는 더운 여름이 되면 시원한 숲속에서 둥지를 틀고는 새끼를 낳아 키우며 지내. 여름에는 숲속 바위틈이나 나무 구멍 등에서 애벌레나 작은 곤충 같은 걸 먹고사는데, 먹이를 구하기 힘든 추운 겨울이 되면 사람이 사는 마을로 내려와서 따뜻한 굴뚝 근처로 모여들거든. 그 이유는 추위를 피해 따뜻한 굴뚝이나 아궁이, 대청마루 같은 곳에 모여든 벌레들을 잡아먹기 위해서란다. 더구나 굴뚝새의 깃털 색깔이 어두운 갈색이라서 마치 시커먼 굴뚝에서 방금 나온 것 같은 모습이라고 해도 믿을 거야. 그래도 짧은 꽁지깃을 위로 '탁탁' 추켜올리면서 쉴 새 없이 먹이를 찾아다니며 움직이는 모습만큼은 아주 깜찍하지.

굴뚝새도 종류가 많은데, 많은 굴뚝새들이 구멍에 둥지를 틀고 단독으로 생활해. 그런데 요즘은 흙으로 만든 전통 가옥이 많이 사라지면서 겨울이 되면 굴뚝이나 아궁이, 대청마루 등을 찾던 굴뚝새의 모습도 만나기가 어려워졌단다.

> 하지만 굴뚝이나 아궁이가 많이 사라진 요즘은 굴뚝새를 보려면 산으로 가야 하지요. 주거 환경은 더 편리하게 변했을지 몰라도 자연과는 점점 멀어지는 것 같아요.

아름다운 화음을 내는 굴뚝새

이야기 속에서 굴뚝새를 새 중의 왕이라고 한 이유는 아마도 굴뚝새가 내는 아름다운 노랫소리 때문일지도 몰라. 몸 크기는 작고 평범할지 몰라도 따뜻한 봄이 되면 맑고 청아한 소리로 노래를 부르거든. 미국의 캐롤라이나굴뚝새, 북아메리카의 흰가슴굴뚝새, 남아메리카의 가수굴뚝새는 특히나 노래를 잘 부르는 굴뚝새들이야. 에콰도르의 굴뚝새는 암컷과 수컷이 함께 짝을 이루어 노래를 부른다는 연구 결과도 있어. 암컷이 노래를 부르면 수컷이 뒤따라 불러 아름다운 화음을 낸다고 해.

▲ 캐롤라이나굴뚝새(왼쪽)와 흰가슴굴뚝새(오른쪽)는 특히 노래를 잘하는 굴뚝새야.

 하니 박사의 생태 이야기

가장 강력한 침을 가진 벌은?

▲ 말벌 중 크기가 가장 큰 일본 말벌이야.

▲ 장수말벌(왼쪽)과 땅벌(오른쪽)은 무서운 독침을 가지고 있어.

자그마한 벌이 이렇게 무서운 줄은 몰랐네요.

    똑똑한 여우도 벌들의 따끔한 침 공격에 줄행랑을 치고 말았어. 벌도 여러 가지 종류가 있지만, 그중에도 사람의 생명까지 위험하게 만드는 무서운 독침을 가진 벌들이 있는데 그게 바로 말벌, 장수말벌, 땅벌 등이야. 혹시라도 잘못해서 벌집을 건드리면 끝까지 쫓아와서 공격하는 벌들이기 때문에 조심해야 해. 사람에 따라 벌의 독에 민감하게 반응하거나 알레르기를 일으킬 수 있기 때문에 잘못하면 죽음에 이를 수도 있거든. 말벌 중 몸 크기가 가장 큰 말벌은 '일본 말벌'이야. 어른의 엄지손가락만 한 크기의 벌인데, 이 말벌의 독이 사람 눈에 들어가기라도 하면 시력을 잃을 만큼 독성이 강하지. 이 벌은 침으로 독을 넣는 것뿐 아니라 독을 뿌리기도 하는데, 자기 애벌레의 먹이를 구하기 위해 수십 킬로미터를 날아다니면서 벌집을 발견하면 벌집에 독을 뿌린 후 동료들을 불러들여 집단으로 공격한단다.

    꿀벌의 침은 화살촉처럼 생겨서 사람이나 동물을 쏘면 화살촉처럼 생긴 침이 동물의 몸에 박혀 꿀벌의 내장까지 빠지기 때문에 꿀벌은 죽

▲ 말벌의 침을 확대한 모습이야.

고 말아. 하지만 말벌의 침은 매끈한 모양이기 때문에 한 번 쏜다고 해서 말벌이 죽거나 하지는 않아. 말벌 몇 마리는 꿀벌 수만 마리를 상대할 만큼 강한 데다가 꿀벌의 침에도 끄떡없단다. 대신 말벌은 높은 온도에 약하기 때문에, 여러 마리의 꿀벌이 말벌에게 들러붙어서 말벌의 체온을 높인다면 말벌도 죽을 수 있지. 우리나라의 말벌 중 몸 크기가 가장 큰 장수말벌은 힘이 아주 센데, 먹이를 차지하기 위해 동료들과 싸우기도 해. 벌집의 꿀과 애벌레를 노리는 곰이나 오소리 때문에 말벌들은 검은색에 예민해서 특히 동양 사람의 머리를 많이 공격하는 경향이 있단다.

하지만 말벌은 특정 나방 애벌레 같은 것들을 잡아먹기 때문에 산림의 해충을 제거해 주는 역할도 하지요.

벌의 독침으로부터 안전하려면?

혹시라도 실수로 벌집을 건드려서 벌들이 쫓아온다면 손을 휘두르거나 해서는 안 돼. 그러면 벌들은 더 흥분 상태가 되어 심하게 공격할 수도 있거든. 만약 벌이 공격을 한다면 몸을 낮추고 목을 감싼 채로 웅크리고는 벌의 흥분이 가라앉을 때까지 기다리는 게 좋아.
혹시라도 벌에 쏘여 피부에 독침이 남아 있다면 독침을 짜서 빼내지 않고, 신용카드 같은 얇은 물체로 긁어서 없애야 해. 꿀벌에게 쏘이면 암모니아수 같은 것을 바르면 되지만, 말벌에게 쏘이면 식초 같은 것을 발라서 응급 처치하는 게 좋아. 벌의 독에 알레르기가 있는 사람이라면 최대한 빨리 병원에 가는 게 좋단다.

▲ 벌집을 함부로 건드리면 위험해. ▲ 벌에 쏘여 부은 손이야.

헨젤과 그레텔

 숲속 낡고 허름한 집에 나무꾼과 마음씨 착한 두 아이가 살고 있었어. 오빠는 헨젤이고, 여동생은 그레텔이었지. 헨젤과 그레텔의 엄마는 병으로 세상을 떠났고, 새엄마가 함께 살았단다. 하지만 너무나 가난한 형편 탓에 새엄마가 한숨을 쉬며 나무꾼에게 말했어.

 "후유, 이제 먹을 것도 거의 다 떨어졌어요. 이러다가 우리 모두 굶어 죽겠어요. 그러니 애들을 깊은 숲속에 버리자고요."

 "그렇다고 어떻게 애들을 버려요? 말도 안 되오."

 배가 고파서 잠을 이루지 못하던 헨젤과 그레텔은 아빠와 새엄마가 나누는 이야기를 듣고는 깜짝 놀랐어.

 "오빠, 어떻게 해? 우리를 숲속에 버린대. 흑흑."

 모두 잠든 밤 헨젤은 집 밖으로 나가 조약돌을 주머니 가득 담아 왔어.

 다음 날, 아침 일찍부터 새엄마가 헨젤과 그레텔을 깨웠지.

 "어서들 일어나렴. 오늘은 깊은 숲속으로 나무를 하러 갈 거야."

 헨젤과 그레텔은 아빠와 새엄마를 따라 집을 나섰어. 헨젤은 어젯밤에 주워 온 조약돌을 몰래 하나씩 떨어뜨리며 따라갔지.

 "우리는 나무를 해 올 테니 너희는 여기서 기다려라."

헨젤과 그레텔을 남겨 두고 떠난 아빠와
새엄마는 캄캄한 밤이 되어도 돌아오지 않았어.
"오빠, 무서워. 집으로 어떻게 돌아가지?"
"울지 마, 그레텔. 달빛이 우리를 집으로 데려다 줄 거야."
헨젤이 숲으로 오는 길에 떨어뜨렸던 조약돌들은
달빛을 받아 반짝거렸어.
헨젤과 그레텔은 그 조약돌들을 따라서 무사히
집으로 돌아왔단다.

아이들이 돌아오자 새엄마는 아이들을 방에 가두고 문을 잠갔어.

'이번에는 더 깊은 숲속에 아이들을 버리고 와야겠어.'

다음 날 아침, 헨젤과 그레텔은 다시 아빠와 새엄마를 따라 집을 나섰어. 지난밤에 헨젤은 방에 갇혀서 조약돌을 줍지 못했지. 대신 주머니에 있는 빵을 조금씩 잘라 떨어뜨리며 따라갔어.

"우리는 나무를 해 올 테니 너희는 여기서 기다려라."

아빠와 새엄마는 더 깊은 숲속에 헨젤과 그레텔을 남겨 두고 떠났어. 캄캄한 밤이 되자, 헨젤과 그레텔은 집으로 돌아가기 위해 떨어뜨리고 온 빵 조각을 찾았어. 하지만 아무리 찾아도 빵 조각을 찾을 수가 없었어. 새들이 날아와 빵 조각을 모조리 먹어 버렸던 거야.

며칠 동안 숲속을 헤매고 돌아다니던 헨젤과 그레텔의 눈앞에 어느 날, 커다란 집 한 채가 보였어. 지붕과 벽과 창문이 온통 달콤한 사탕과 초콜릿, 과자로 뒤덮여 있는 집이었지.

"우아, 맛있겠다!"

배가 무척 고팠던 헨젤과 그레텔은 과자로 된 집의 지붕을 뜯어 맛보고, 창문을 사각사각 갉아 먹었어.

헨젤과 그레텔이 정신없이 과자를 먹고 있는데, 집 문이 열리면서 어떤 할머니가 나왔지.

"어휴, 배가 많이 고팠나 보구나. 안으로 들어오렴."

할머니는 다정하게 말하며 헨젤과 그레텔을 집 안으로 데려갔어. 헨젤과 그레텔은 안에서 할머니가 주는 음식을 배부르게 먹고 푹신한 침대에서 기분 좋게 잠들었단다.

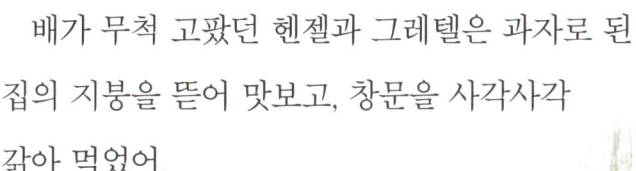

다음 날 아침, 할머니는 전날과 다른 날카로운 목소리로 소리쳤어.
"이 게으름뱅이들아, 어서 일어나!"
할머니는 헨젤을 끌고 가 커다란 새장에 가두고, 그레텔에게 소리쳤지.
"네 오빠에게 맛있는 음식을 먹여라. 통통하게 살찌워서 잡아먹게!"
사실 할머니는 아이들을 잡아먹는 못된 마녀였던 거야. 마녀는 매일 아침 새장으로 가서 헨젤에게 소리쳤지.
"손을 내밀어 봐."
똑똑한 헨젤은 먹고 남은 뼈다귀를 새장 밖으로 내밀었지. 마녀는 눈이 나빠서 헨젤이 내민 뼈다귀를 헨젤의 손가락이라고 생각했어.
"먹을 것을 더 많이 가져다 줘라!"
마녀가 손을 내밀라고 할 때마다 헨젤은 언제나 뼈다귀를 새장 밖으로 내밀었단다. 며칠이 지나도 달라지지 않자 마녀는 화가 났어.

"그렇게 많이 먹였는데 왜 살이 찌지 않는 거야?
안 되겠다. 그냥 잡아먹어야겠다. 그레텔!
어서 솥에 물을 붓고 불을 지펴라."

그레텔은 벌벌 떨면서 마녀가 시키는 대로
할 수밖에 없었어.

"그레텔, 물이 펄펄 끓는지 살펴봐라."

그레텔이 솥 가까이 가면 그레텔을
솥 안으로 밀어 넣으려는 마녀의 못된
속셈이었던 거야. 마녀의 속셈을
눈치챈 그레텔이 말했어.

"솥뚜껑이 무거워서 못 열겠어요."

"그럼 솥뚜껑은 내가 열어 주지."

마녀가 솥뚜껑을 열자
그레텔은 마녀를 힘껏 밀었어.

"으악!"

그레텔은 새장 문을 열어 헨젤을 꺼내 주었어.

"오빠, 어서 나와. 이제 우리는 살았어. 집으로 가자!"

헨젤과 그레텔은 부둥켜안고 기뻐서 폴짝폴짝 뛰었어.

마녀의 집을 막 떠나려는데, 헨젤의 눈에 집 한쪽에 쌓여 있던 보석이 들어왔어.

"조약돌보다 더 예쁘게 반짝거리네."

헨젤은 보석을 한 움큼 집어 주머니에 넣었어. 그레텔도 반짝거리는 보석을 주머니에 집어넣었지.

마녀의 집을 빠져나온 헨젤과 그레텔은 한참을 걷다가 큰 강가에 이르렀어. 강에는 다리도 없고 배도 보이지 않았지.

그때 강물 위에 떠 있던 오리 한 마리가 헨젤과 그레텔 곁으로 왔어.

"오리야, 우리가 강을 건너게 도와줄 수 있니?"

그러자 오리가 헨젤과 그레텔에게 등을 내밀었어. 헨젤과 그레텔은 오리 등에 올라타고 큰 강을 건널 수 있었지. 강을 건너 조금 더 걷자 드디어 집이 보였어.

헨젤과 그레텔은 집을 향해 달려가며 외쳤어.

"아빠, 우리가 돌아왔어요!"

집에 있던 아빠가 그 소리를 듣고 뛰어나왔어. 그 사이 새엄마는 죽고, 아빠는 아이들을 숲속에 버리고 온 걸 후회하며 슬퍼하고 있었지.

아빠는 헨젤과 그레텔을 꼭 껴안고 기뻐했단다.

헨젤과 그레텔은 주머니에서 보석을 꺼냈어. 보석은 반짝반짝 빛이 났지. 그 뒤로 헨젤과 그레텔은 아빠와 함께 행복하게 살았단다.

**아무리 어려운 상황에 닥치더라도
당황하지 않고 차분히 방법을 생각한다면
위기를 극복할 수도 있단다.**

하늬 박사의 생태 이야기
동물들도 과자를 좋아할까?

▲ 사람이 먹는 음식을 동물들에게 함부로 주어서는 안 돼.

동물들에게 맛있는 과자를 나누어 주는 것은 결코 그 동물을 위한 것이 아니군요.

    헨젤과 그레텔은 못된 마녀의 사탕과 초콜릿, 과자로 지어진 집에 마음을 빼앗기는 바람에 그만 마녀에게 붙잡히고 말았어. 너희가 헨젤과 그레텔이었다고 해도 달콤한 과자의 유혹을 뿌리치기는 힘들었을 거야. 그럼, 사람이 아닌 동물들도 과자의 유혹을 뿌리치지 못할까?

    바닷가에 가면 날아드는 갈매기들에게 과자를 던져 주거나, 동물원의 동물들에게 과자를 던져 주는 사람들을 종종 볼 수 있어. 사람들이 던져 주는 과자나 먹이를 먹으려고 사람들 가까이로 동물이 모여드는 모습도 봤을 거야. 그런데 사실은 동물들에게 사람이 먹는 것들을 함부로 주는 것은 아주 위험한 일이란다.

    사람이 먹는 과자 속에는 기름이나 나트륨, 그리고 화학 성분의 물질들이 많이 들어 있어. 이런 성분들은 자연에서 얻을 수 있는 것들이 아니고, 갈매기 같은 야생 새들의 몸이 받아들일 만한 성분이 아니야. 그래서 배탈이나 장염을 일으킬 수도 있고 잘못하면 이유 없이 앓다가 죽을 수도 있단다. 갈매기 같은 야생의 새들은 스스로 자연 속에서 작은 동물의 사체, 연체동물이나 갑각류 등의 먹이를 구해야 하는데, 사람들이 자꾸 과자 같은 것을 던져 주면 그것에 의존하게 돼서 스스로 먹이를 구해서 살아가는 능력을 잃게 돼. 또한 사람이 던져 주는 과자나 그 과자를 먹고 배설하는 갈매기의 배설물 때문에 바다가 오염되는 등의 문제도 생기지. 집에서 많이 키우는 개나 고양이의 경우에도 마찬가지야. 개나 고양이에게 사료를 주지 않고 사람이 먹는 음식을 주면 애완동물의 영양적 균형이 깨질 수 있어. 사람이 먹는 음식은 사람에게 필요한 영양소가 들어 있지만, 애완동물에게 이런 음식들을 지속적으로 준다면 비만을 일으킬 수도 있단다.

> 애완동물의 영양적 균형을 깨뜨릴 뿐만 아니라, 행동을 통제하기 어려워진다는 단점도 있지요. 특히 사람이 먹는 음식 중에서 주어서는 안 되는 것들도 있으니 조심해야 한답니다.

개에게 주지 말아야 할 음식들

집에서 가장 많이 기르는 개에게 주지 말아야 할 음식들이 꽤 있어. 닭이나 생선 등의 뼈는 아주 날카롭기 때문에 개의 내장을 상하게 할 수 있어. 또 개는 땀샘이 발바닥에만 있어서 땀으로 염분을 배출하는 데 한계가 있기 때문에, 사람이 먹는 과자나 오징어 같이 염분이 많은 짠 음식을 주어서는 안 돼. 사람이 먹는 인스턴트 식품에도 화학 성분이 들어 있기 때문에 설사나 배탈을 일으킬 수 있고, 우유도 마찬가지야. 양파 같은 것도 개의 적혈구를 파괴하기 때문에 절대로 주어서는 안 되는 음식이란다.

▼ 양파, 오징어, 우유 등은 개에게 주어서는 안 되는 음식들이야.

하늬 박사의 생태 이야기
숲속에서 동물들의 이동 경로를 알 수 있을까?

헨젤은 집으로 돌아가는 길을 알기 위해 조약돌을 숲속에 떨어뜨렸어. 그리고 처음에는 떨어진 조약돌을 보고 다시 집으로 돌아갈 수 있었지. 그런데 아무도 없는 숲속에서 어떤 표시만 보고도 누가 어떻게 이동했는지 알 수 있는 방법이 있어. 그 표시는 바로 동물들이 남긴 흔적이야. 조금만 관심을 기울인다면 야생에 사는 동물들의 흔적을 찾아보는 건 그렇게 어렵지 않단다.

가장 많이 발견할 수 있는 건 동물들의 발자국이야. 발톱 자국이 없고 원형에 가까운 건 고양이 발자국이야. 겨울이 아닌 계절에 나뭇가지 끝에서 시작되는 2개의 나란한 규칙적인 발자국이 보인다면 그건 청설모의 앞 발자국과 뒷 발자국일 가능성이 커. 물가 근처나 깊은 산속에서 보이는 V자 모양의 발자국은 고라니, 사슴, 노루, 염소 등의 발자국일 수도 있어. 이런 발자국 안에 혹시 물이 고여 있다면 발자국의 주인공인 동물이 1~2시간 안에 그곳을 지났다고 예상해 볼 수 있지. 갈대나 긴 풀들이 쓰러져 길이 나 있다면 그건 야생 동물이 지나다니는 길일 거야. 특히 사람 키보다 더 큰 나뭇가지들이 있고 이 부분에 동물의

숲속 바위 위의 배설물을 종종 본 적이 있었어요.

▶ 다양한 동물들의 발자국이야.

▲ 동물들의 배설물로도 동물의 흔적을 알 수 있지.

동물들이 남긴 배설물을 보고 그 흔적을 알 수도 있는데, 토끼, 노루, 사슴 같은 초식 동물의 배설물은 바둑돌 혹은 달걀 모양인 데다 대부분 말라 있고, 육식 동물의 배설물에는 털, 이빨 같은 것이 섞여 있기도 해. 배설물이 말라 있는 정도나 윤기, 온도 등을 통해 야생 동물이 지나간 시간을 추측해 볼 수 있지. 나무에 긁힌 자국이 있는 것을 보고, 고라니나 노루가 영역 표시를 위해 자신의 이빨이나 뿔을 나무에 갈았던 흔적이라는 것을 추정할 수도 있단다.

야생 동물들이 바위 위에 배설물을 누는 것은 영역 표시를 하기 위함이지요.

달콤한 꿀이 있는 곳을 알려 주는 벌꿀길잡이새

새 중에 벌꿀길잡이새는 아프리카에 사는 새로 참새보다 몸집이 약간 큰 새야. 그런데 벌꿀길잡이새는 사람들에게 맛있는 꿀이 있는 벌집으로 특이한 울음소리를 내며 안내를 한단다. 사람을 안내하는 동안 사람이 잘 따라오는지 멈춰 서서 확인을 하기도 하지. 벌꿀길잡이새를 따라간 사람들이 벌집을 발견하고 꿀을 얻고 난 후에는 벌꿀길잡이새가 빈 벌집을 먹는단다.

▶ 벌꿀길잡이새

농부와 악마

부지런한 농부가 하루 종일 밭에서 땀을 뻘뻘 흘리며 일하고 집으로 돌아가는 길이었어. 밭 한가운데에 시뻘건 불이 활활 타오르는 거야.

농부가 가까이 가 보니 악마가 그 불 위에 앉아 있었지. 농부는 놀라기도 하고 무섭기도 했지만 용기를 내어 물었어.

"거기서 무엇을 하고 있는 거냐? 보물이라도 지키고 있는 거야?"

"그래, 맞다. 이 땅속에 온갖 보물이 가득 묻혀 있거든."

악마의 말을 듣고 농부는 깜짝 놀랐어.

"이 땅속에 정말 보물이 가득 묻혀 있단 말이야?"

"그래. 네가 한 번도 본 적 없는 희귀한 보물이 가득 묻혀 있지!"

"그럼 그 보물은 내 땅에 묻혀 있으니 모두 내 것이다!"

농부의 말을 들은 악마는 더 깜짝 놀랐지.

"네 땅속에 묻혀 있으니 네 것이 맞긴 하지."

"그럼 어서 내 보물을 두고 가거라."

그러자 악마는 잠시 고민하더니 이렇게 말했어.

"내가 땅속에 보물이 있다는 걸 알려 줬으니, 앞으로 2년 동안 이 밭에서 나는 것을 모두 내게 줘."

농부는 곰곰이 생각하더니 흔쾌히 대답했어.

"좋아. 하지만 넌 땅 위에서 난 것만 가져. 나머지는 내가 가질게."

"그래, 좋아!"

악마도 순순히 고개를 끄덕이고는 어디론가 스르르 사라졌어.

다음 해에 농부는 밭에 무씨를 가득 심었어. 밭에 무가 가득 자라서 수확할 때가 되자, 다시 악마가 나타났지.

"이제 수확한 것을 모두 내게 줘."

"물론이지. 땅 위에서 난 것만 모두 가져가렴."

그런데 맛있는 무는 모두 땅속에 있고, 땅 위에는 누렇게 시든 이파리뿐이었단다. 화가 난 악마가 소리쳤어.

"말도 안 돼! 그럼 내년에는 네가 땅 위에서 난 것을 가져. 땅속에서 난 것은 내가 가질 거야."

"좋아."

농부는 순순히 악마의 말에 따랐어.

다음 해에 농부는 밭에 밀을 가득 심었어.

밭에 밀이 가득 자라 수확할 때가 되자 악마가 또다시 나타났어.

"이제 수확한 것을 모두 내게 줘."

"물론이지. 땅속에서 난 것만 모두 가져가."

농부는 땅 위에 잘 익은 밀을 모두 거둬들였어. 악마가 가질 것은 땅속에 남은 밀 뿌리뿐이었지.

"으악! 이게 뭐야?"

악마는 화가 났지만 아무 말도 못하고 스르르 사라져 버렸어.

수확한 밀도, 땅속 보물도 모두 꾀 많은 농부의 것이 되었지. 농부는 다음 해에도, 그 다음 해에도 부지런히 농사를 지으며 열심히 살았단다.

**지나친 욕심을 부리지 않고 자신이 맡은 일을 열심히 하다 보면
어느새 좋은 결과가 생기기 마련이란다.**

하늬 박사의 생태 이야기
무와 밀은 어떻게 다를까?

▲ 밭에서 난 무는 뿌리를 먹는 식물이야.

식물에 대해 빠삭하게 알고 있는 농부에게 악마는 질 수밖에 없었겠군요.

농부가 심은 무나 밀은 악마도 탐을 낼 만큼 귀한 것임에는 틀림없어. 하지만 무를 심었을 때와 밀을 심었을 때, 어느 때도 악마는 진짜 중요한 것들을 얻지 못했어.

무와 밀은 둘 다 밭에서 심어 기르는 두해살이 식물이야. 그리고 우리에게 좋은 먹거리가 된다는 점도 같지. 하지만 무는 십자화과에 속하는 식물로 주로 뿌리나 잎을 먹기 위해 기르는 채소라면, 밀은 벼과에 속하는 식물로 열매를 먹기 위해 기르는 곡식이야.

아삭아삭하고 물이 많아서 시원한 맛을 내는 무는 길고 둥근 모양의 무 뿌리로, 우리가 깍두기나 무침, 조림, 무말랭이 등으로 만들어 즐겨 먹어. 무는 아주 오래전부터 우리나라 사람들이 즐겨 먹었던 것으로, 흔히 뿌리나 잎을 먹기 위해 키우지. 그래서 줄기가 올라오거나 꽃이 피기 전에 뽑는데, 보통 늦여름이나 초가을쯤 씨를 뿌리면 김장을 하는 겨울쯤 뽑아서 먹을 수 있단다.

밀은 우리나라뿐 아니라 세계 여러 나라에서 가장 많이 길러 먹는 곡식일 거야. 밀을 빻아 가루를 낸 밀가루는 우리가 흔히 먹는 빵, 국수, 과자 등의 재료가 돼. 우리나라에서도 아주 오래전, 삼국 시대 전부

▲ 밀 밭에서 난 밀을 빻아 가루로 내어 많은 음식 재료로 쓴단다.

무처럼 뿌리를 먹는 식물은 도라지, 칡, 더덕, 마 등이 있고, 밀처럼 땅 위의 씨나 열매를 먹는 식물은 쌀, 보리, 콩 등이 있지요.

터 키워 먹었던 곡식이란다. 밀은 가을에 씨를 뿌리면 겨울을 어린잎으로 나고, 그 다음 해 봄부터 자라기 시작해서 초여름쯤 이삭이 여물어. 이쯤 되면 이야기 속 악마가 왜 화를 내며 사라졌는지 알겠지?

힘든 시절의 삶을 지켜 준 고마운 식물들

농사를 지어 먹거리를 거두었던 옛날에는 흉년이 들거나 전쟁이 벌어져 먹을 것이 턱없이 부족할 때 굶어 죽지 않기 위해 먹었던 식물들이 있어. 이런 것들을 '구황 식물'이라고 해. 무처럼 뿌리를 먹는 것으로는 도라지, 칡, 더덕, 마 등이 있고 잎이나 싹 등을 먹는 식물로는 소나무, 뽕나무, 잣나무 등이 있지. 심지어 먹을 것이 부족할 땐 나무껍질을 먹기도 했는데 소나무 껍질이나 느릅나무 껍질 등을 삶아서 먹기도 했어. 국화 같은 꽃을 익히거나 나물처럼 무쳐 먹기도 했단다.

◀▼ 칡(왼쪽)과 도라지(오른쪽)는 뿌리를 먹는 식물로, 지금도 많은 사람들이 즐겨 먹어.

하니 박사의 생태 이야기
무도 여러 가지 종류가 있다고?

▲ 무의 한 종류인 열무(왼쪽)와 알타리무(오른쪽)야.

앞에서 무는 뿌리를 먹는 식물이라고 했지? 무는 맛뿐만 아니라 영양 성분도 많고 소화를 시키는 데 아주 좋은 효능을 가지고 있어서 감기약이나 위장약의 재료로 쓰이기도 해. 그런데 혹시 무도 그 종류가 아주 많다는 것 알고 있니? 또 각각의 종류에 따라 특별한 맛과 몸에 좋은 영양소들을 가득 담고 있단다.

일반적으로 무 하면 둥글고 기다란 모양의 하얀 무를 생각할 거야. 흔히 '조선무'라고도 하는데 동치미, 깍두기, 고기나 생선찜의 조림 무로 많이 쓰이지. 조선무는 가을에서 겨울에 특히 맛있는데, 예로부터 기침이나 가래를 삭히는 데 좋아서 감기를 예방하기 위해서도 많이 먹어 왔단다.

뿌리가 짧고 가늘어서 뿌리보다는 잎 부분을 먹는 열무가 있어. 열무는 여름에 물김치로 담가서 많이 먹지. 열무에는 소화 기능을 돕는 성분뿐 아니라 비타민과 무기질, 칼슘이 풍부해. 흔히 '총각무'라고도 불리는 알타리무는 총각김치로 많이 만들어 먹어. 다른 무와 마찬가지로 소화를 돕고 수분과 비타민이 많아 기침을 가라앉히는 데도 좋단다.

하얀 무 말고도, 짙은 자줏빛을 띠는 비트는 깨끗이 씻어 날로 먹기도 하고 샐러드나 즙을 내어 먹는 무야. 이렇게 먹는 또 다른 무 중에는

생각보다 무의 종류가 많네요. 무는 거의 천연 소화제나 다름없는 역할을 하는군요.

▲ 비트(왼쪽)와 홍당무(오른쪽)야.

주황색 홍당무도 있어. 홍당무에는 비타민A와 카로틴이라는 영양소가 있어서 눈에 좋고, 몸에 좋은 역할들을 해. 또 다른 무들과 마찬가지로 소화를 돕고 변비를 예방한단다. 하지만 너무 많이 먹으면 피부가 노랗게 변할 수 있다고 하니 적당히 먹는 게 좋겠지?

자줏빛을 띠는 비트처럼 빨간색 무인 래디시, 알타리무와 비슷하지만 알타리무가 나기 힘든 여름에도 나는 초롱무 등도 있지요.

달콤한 맛을 내는 무

일반적으로 무를 날로 먹으면 살짝 매운 맛이 나. 그런데 달콤한 맛을 내는 무도 있어. 원래 중국에서 나는 종의 무를 우리나라로 들여와 개량한 과일무는 보통 무보다 훨씬 단맛이 나지. 단맛뿐 아니라 하얀 겉과 달리 자르면 속은 진한 분홍색으로 빛깔이 아주 예쁜 무야.
설탕의 재료로 쓰일 만큼 단맛이 강한 무는 사탕무야. 세계 40개 나라에서 재배 중인데, 우리 나라에서도 시험 재배를 계속 하고 있단다.

◀ 과일무(왼쪽)와 사탕무(오른쪽)는 단맛이 강한 무야.

찾아보기

가마우지 • 66, 67
가수굴뚝새 • 167
갈매기 • 178, 179
감비아도깨비쥐 • 57
개 • 98, 117, 156, 179
개구리 • 140
개미 • 75, 141
거미 • 82, 83, 84, 85
검은댕기해오라기 • 65, 151
검은부리아비 • 66, 67
검은해오라기 • 27
고릴라 • 143
고슴도치 • 132
고양이 • 158, 159, 179
골리앗왜가리 • 26, 27
곰쥐 • 57
과일무 • 189
굴뚝새 • 166, 167
굴토끼 • 76
귀신왜가리 • 27
금개구리 • 108, 109
긴귀날쥐 • 111
깡충거미 • 85
꼬마물떼새 • 19
꼬마잠자리 • 34

꾀꼬리 • 19
꿀벌 • 141, 168, 169
나무늘보 • 127, 132, 133
넓적부리황새 • 26
논병아리 • 67
뉴트리아 • 57
늑대 • 16, 17
당나귀 • 98
대모벌 • 84
대왕고래 • 35
대왕오징어 • 35
도라지 • 187
돌고래 • 116
두루미 • 141
따개비 • 75
딱따구리 • 77
딱새 • 77
땅벌 • 168
란타나 • 118, 119
레몬 • 49
말 • 116
말벌 • 168, 169
매실 • 50
몽구스 • 58, 59
무 • 124, 186, 188, 189

무당개구리 • 59
물새 • 66
미치광이풀 • 119
밀 • 186, 187
밀짚 • 90
바다표범 • 159
박쥐 • 126, 127
반딧불이 • 141
백로류 • 150, 151
뱀 • 36, 58
뱀잡이수리 • 149
벌꿀길잡이새 • 74, 181
벌꿀오소리 • 58, 59, 74
볏짚 • 90, 91
보릿짚 • 90
보사비 울리 들쥐 • 56
북극토끼 • 135
브로콜리 • 125
브루케시아 마이크라 • 34
비버 • 76, 77
비트 • 188, 189
뾰족뒤지 • 34
뿔논병아리 • 77
사과 • 48, 49, 50
사과나무 • 48, 49

190

사막비개구리 • 110, 111
사탕무 • 189
살구 • 50
새 • 64, 65, 84, 140
소등쪼기새 • 74
수리부엉이 • 24, 25
수박 • 51
순무 • 124, 125
슈빌 • 26
스컹크 • 133
시궁쥐 • 57
십자화과 식물 • 125
쐐기풀 • 119
아귀 • 36
아나콘다 • 36
악어 • 19
알타리 • 124, 188
암살자 벌레 • 84, 85
앵무새 • 142, 143
양배추 • 124, 125
여우 • 156, 157
여주 • 51
열무 • 188
오랑우탄 • 140
오소리 • 76

옴개구리 • 109
옻 • 119
우는토끼 • 134, 135
원숭이 • 18, 98, 99
유황앵무 • 149
은행 • 50
이끼도롱뇽 • 34
이집트땅거북 • 35
일본 말벌 • 168
장수도롱뇽 • 35
장수말벌 • 168, 169
저어새 • 77
쥐 • 56
진딧물 • 74, 75
짚 • 90, 91
철쭉 • 118
청소놀래기 • 75
칡 • 187
캐롤라이나굴뚝새 • 167
캥거루쥐 • 111
케일 • 125
코끼리 • 19, 142
콜라비 • 125
콩 • 92, 93
큰돌고래 • 37

토끼 • 134, 135
투구꽃 • 118
파리 • 82, 83
파인애플 • 49
페도프라이네 아마우엔시스 • 35
펠릿 • 25
펭귄 • 67
피라이바 • 37
하마 • 18
해달 • 117
해오라기 • 150, 151
협죽도 • 118, 119
호저 • 132, 133
홍당무 • 189
황로 • 75
황제펭귄 • 116
회색관두루미 • 149
회색앵무 • 142, 143
후투티 • 148, 149
흑등고래 • 75
흰가슴굴뚝새 • 167